Coleção - Exercícios de Leitura, Interpretação e Comunicação
volume 1

A Leitura como Ofício

Irene Scótolo (Org.)
Clarice Assalim
Sebastião Haroldo de Freitas Corrêa Porto
Juarez Donizete Ambires
Barbara Heller
Paulo Rogério Stella
Janette Brunstein & Eunice Vaz Yoshiura

São Paulo, 2007

A LEITURA COMO OFÍCIO
Irene Scótolo (Org.)
Clarice Assalim
Sebastião Haroldo de Freitas Corrêa Porto
Juarez Donizete Ambires
Barbara Heller
Paulo Rogério Stella
Janette Brunstein & Eunice Vaz Yoshiura

Conselho Editorial
Carlota J. M. Cardozo dos Reis Boto
Célia Maria Benedicto Giglio
Daniel Revah
João Cardoso Palma Filho
Luiza Helena da Silva Christov

Coordenação Editorial
Silvana Pereira de Oliveira

Capa
Cauê Porto

Projeto Gráfico
Flávio Leal

Diagramação
Flávio Leal
Feco Porto

Impressão
Imprensa da Fé

Dados Internacionais de Catalogação na Publicação (CIP)
(Câmara Brasileira do Livro, SP, Brasil)

A Leitura como ofício / Irene Scótolo (org.) . --
São Paulo : Porto de Idéias, 2007. --
(Coleção exercícios de leitura, interpretação e comunicação ; v. 1) Vários autores.
Bibliografia.
1. Análise do discurso 2. Comunicação 3. Crítica de texto 4. Leitura 5. Lingüística
6. Semiótica 7. Textos I. Scótolo, Irene. II. Série.
07-8804   CDD-401.41

Índices para catálogo sistemático:
1. Comunicação nos textos : Semiótica : Lingüística 401.41
2. Textos : Comunicação : Semiótica : Lingüística 401.41
3. Textos : Leitura : Semiótica : Lingüística 401.41
4. Textos : Produção : Semiótica : Lingüística 401.41

ISBN: 978-85-60434-11-4

Todos os direitos reservados à
EDITORA PORTO DE IDÉIAS LTDA.
Rua Pirapora, 287 – Vila Mariana
São Paulo – SP – 04008.060
(11) 3884-5024
portodeideias@portodeideias.com.br
www.portodeideias.com.br

SUMÁRIO

Apresentação ... 05

Prefácio ... 07

Considerações sobre as implicações das
Teorias da Interpretação na Ação Pedagógica ... 13
Irene Scótolo

Coordenação e concepção de universo:
O polissíndeto no texto medieval e no texto contra-reformista ... 25
Clarice Assalim

A localização do leitor:
Análise do Prefácio do Livro III da Ética ... 45
Sebastião Haroldo de Freitas Corrêa Porto

A literatura em Otto Lara Resende ... 59
Juarez Donizete Ambires

"Let My People Stay"; Judeus e Exilados em
Busca de Novas Identidades em Moacyr Scliar ... 79
Barbara Heller

Uma reflexão sobre a cidadania a partir de documentos
de um grupo escolar de Itapetininga na República Velha ... 95
Paulo Rogério Stella

Usos da Mídia na gestão social ... 127
Janette Brunstein & Eunice Vaz Yoshiura

O sentido não é capaz de permanecer quieto, fervilha de sentidos segundos, terceiros e quartos, de direcções irradiantes que se vão dividindo e subdividindo em ramos e ramilhos, até se perderem de vista.

Todos os nomes, José Saramago

APRESENTAÇÃO

Apresentamos com esta coletânea uma parte do trabalho acadêmico de um grupo de professores que lê, e escreve, por prazer e ofício. Daí o nome escolhido – "A Leitura como Ofício", para este primeiro volume que abre a *Coleção – Exercícios de Leitura, Interpretação e Comunicação*, um lançamento da Editora Porto de Idéias para o público universitário, que busca por um espaço-canal aberto com todos aqueles que escrevem sobre o que lêem.

Uma das premissas básicas desta coleção é desvelar a relação entre a leitura, a interpretação e a comunicação, posto que esta vinculação, para lá da simplicidade didaticamente representada na fala com os alunos, é selva civilizada, tomada de armadilhas e vigiada diuturnamente, à caça dos incautos que não obedecem seus complexos ritos e inomináveis regras de passagem. Disciplinar-se a obedecê-los e ousar rompê-los são os dois meios caminhos da mata cerrada, da glória ou do esquecimento.

Diante do vasto expectro que se estende das letras da filosofia à filosofia das letras, intervalo onde esta coleção pretende se encaixar, os sete artigos reunidos neste volume são contribuições de matizes diversos de um mesmo ofício, como receitas experimentadas que se oferecem para o aperfeiçoamento permanente do exercício da escrita, leitura e interpretação. Por isso não pretendemos oferecer uma leitura/interpretação que atribua um sentido fixo, único ou absoluto aos textos aqui analisados.

O ofício da leitura, por sua vez, requer também uma leitura cuidadosa e produtiva, no sentido de ocupar um lugar particular – o lugar daquele que, muito além de sua relação com a obra, com a unidade do texto e com a responsabilidade social, tece uma outra obra que é "um lugar de interpretação no meio de outras"[1]. É deste modo que o autor estabelece a relação de seu trabalho com outras filiações históricas, ideológicas e de significados.

Do nosso ponto de vista, a leitura como ofício se constitui no trabalho daquele que, ao mesmo tempo em que faz a sua leitura e constrói o seu gesto interpretativo, abre espaço para outros deslocamentos de sentidos, para outras contestações, para outros posicionamentos, enfim, para o diferente.

Esclarecemos, ainda, que estamos convencidos de não haver um único modelo de leitura/interpretação. Se assim fosse este ofício da leitura seria no mínimo falho, já que não levaria em consideração o fato de que todo gesto de interpretação é perpassado pelas ideologias e pelo inconsciente do leitor. Aceitamos, sim, e isto é fundamental, na existência de uma leitura mais apurada, mais criteriosa, envolvendo métodos e dispositivos teóricos de análise, proveniente do olhar mais especializado e menos ingênuo de um perito neste ofício.

---

1 ORLANDI, 2004, p.70

Fazermos da leitura o nosso ofício significa assumirmos um posicionamento crítico frente aos textos, um posicionamento de observação dos múltiplos acontecimentos que atravessam a nossa vida, para daí, então, estabelecer relações. O que este livro relata, portanto, é o resultado desse posicionamento, dessa prática social que instaura a comunicação entre escritores, pesquisadores e leitores, que coloca em cena nossos estudos na área de comunicação e linguagem.

Irene Scótolo &
Sebastião Haroldo de Freitas Corrêa Porto

PREFÁCIO

A relação entre linguagem e mundo não é direta, mas sim mediada por diferentes modos de significar, por diversos processos de significação. Deste modo, a percepção que o homem tem do simbólico é o que afeta a sua leitura de mundo e, por conseguinte, o seu gesto interpretativo. Podemos então dizer que todas as formas de linguagens mantêm uma relação necessária com a interpretação, já que esta possui uma ligação direta com a questão simbólica, com os sentidos e com os sujeitos.

Sabe-se que a sala de aula, lugar de multiplicidade de assuntos e de heterogeneidade cultural e social, acaba impondo aos seus principais agentes – professores e alunos – a necessidade do cumprimento de um contrato didático no qual está estabelecido, aprioristicamente, que aos professores cabe a prática de proceder à leitura do saber já cristalizado, institucionalizado e legitimado pela sociedade e de transmiti-lo, das mais variadas formas, aos alunos; já a esses cabe receber as informações e, na maioria das vezes, acatar as interpretações oferecidas pelos professores.

O artigo de Irene Scótolo, *Considerações sobre as implicações das Teorias da Interpretação na Ação Pedagógica*, apresenta uma reflexão sobre a problemática da interpretação de pontos de vista que vão, desde a definição do termo por diferentes estudiosos com perspectivas teóricas diversas, até uma questão mais específica, como a que insere uma discussão a respeito do papel da interpretação na ação pedagógica. A autora aborda a noção de interpretação tendo como objeto de estudo a significação e o faz a partir da leitura de textos relativos à hermenêutica. Ao estabelecer uma relação entre os preceitos teóricos desenvolvidos por Ricouer, Bakhtin e Derrida e sua aplicabilidade na ação pedagógica, Scótolo busca demonstrar que um pequeno deslocamento dessa prática em direção a um movimento de leitura que permita uma nova abordagem da linguagem e do trabalho simbólico resultaria uma reflexão muito mais aprofundada, mais proveitosa e libertadora a respeito da maneira como se dá a compreensão do sujeito sobre um determinado saber, além de uma possível ruptura dos paradigmas propostos pelos sistemas sociais.

O estudo dos mecanismos de construção das unidades de comunicação é muito importante para o entendimento do funcionamento da língua e da compreensão de como os significados circulam entre os sujeitos da linguagem. A forma como os enunciados inter-relacionam essas unidades, segundo regras de adequação interlocutiva, nos permite analisar de que maneira os sujeitos discursivos, ou seja, aqueles que, por meio do seu dizer, materializado em seus enunciados, elaboram seus discursos, são herdeiros do conhecimento e dos saberes pertencentes a uma determinada sociedade ou a uma época específica. O modo de organizar seu discurso, materializado na língua pela palavra, denuncia essa relação do sujeito com o seu mundo e com as regras que regem sua produtividade lingüística.

As considerações acima nos levam a uma outra questão fundamental, que é a da produtividade textual. O texto não pode ser entendido como uma superfície plana, onde os sentidos estão postos ali de forma absoluta e completa. Devemos enxergá-lo como uma materialidade que permite diferentes formulações, diferentes gestos interpretativos que correspondem a diferentes recortes da história, da relação do homem com a sua exterioridade.

Essa ligação do individual (homem produzindo textos) com o social (todo o saber que circula, rege e constitui sujeitos), portanto histórica, transparece nos atos de comunicação através das escolhas e dos usos das palavras.

Para ilustrar como um contexto social, histórico e ideológico está impregnado na produção textual e como o gesto interpretativo deriva da relação do sujeito com os "regimes de verdade" (Foucault) que direcionam essa produção, Clarice Assalim faz uma leitura de fragmentos de textos portugueses medievais e seiscentistas. A autora discute a estabilidade dos sentidos a partir de uma análise dos processos de estruturação do pensamento e dos processos de estruturação sintática na Idade Média e no século XVII. A autora também contribui para os estudos da interpretação ao demonstrar como o uso freqüente dos nexos de coordenação reflete o modo de pensar da sociedade e a concepção de universo que se propõe nesses dois momentos históricos.

Do homem espera-se a reflexão e a ação. Isto quer dizer que todo homem deve atuar no sentido de desenvolver uma consciência crítica que permita a transformação de sua concepção de mundo, de sua conduta moral e de suas experiências vividas, buscando, assim, atingir uma participação mais efetiva junto a seu grupo, dentro da sociedade em que vive. O pensamento precede a ação – resultado das escolhas necessárias para que se atinja o que se quer –, e, portanto, deve-se entendê-lo como uma possibilidade, já que o que caracteriza o homem é sua relação com o simbólico, com a linguagem – lugar da multiplicidade de sentidos. O simbólico, por sua vez, intervém na experiência humana possibilitando, assim, a sua reorganização, dando-lhe um sentido outro. Se ao homem não for dada a oportunidade de enriquecer seu pensamento e representá-lo através da(s) linguagem(ens), ele não será capaz de compreender o mundo e de transformá-lo. O permanente ato de pensar e agir de forma a questionar o conhecimento já instituído é uma forma de filosofia, é um ato de "amor à sabedoria".

Ao tomar o pensar como objeto de reflexão, a filosofia oferece ao homem a possibilidade de ter mais de um significado para a sua experiência, ou seja, um outro significado que não aquele já posto, impedindo, assim, a estagnação da ação humana. Daí o fato da filosofia estar em relação com a verdade, com a política e com a ética.

É no campo da filosofia que se situa o trabalho de Sebastião Haroldo. Centrando-se no percurso traçado pelo filósofo Espinosa, no sentido de conduzir o leitor ao entendimento de que o conhecimento é puramente racional, Sebastião Haroldo faz uma leitura do Prefácio do Livro III da Ética de Espinosa, colocando em evidência o poder de argumentação do filósofo, no sentido de deixar claro ao leitor a especificidade de sua doutrina.

A análise de Sebastião Haroldo revela como Espinosa vai "mapeando o terreno da leitura, não permitindo, assim, que o leitor desvie dos caminhos propostos por sua Ética", localizando-o dentro de sua lógica.

As palavras, materialidade lingüística do nosso pensamento, surgem sem que tenhamos controle sobre seus significados. Entretanto, é sabido que elas podem ultrapassar os limites de sua significação literal e adentrar novos espaços, permitindo, deste modo, que outros significados possíveis aflorem, que surjam outras formas de interpretar o mundo em que se vive. É verdade também que o homem as organiza, a fim de que elas produzam o efeito desejado, aproximando-as do imaginário.

Embora baseado na realidade, o ofício do escritor é fazer tal aproximação, resultando, assim, em sua obra literária. Em seu trabalho de escritura de um texto, é ele quem explora as possibilidades oferecidas pela língua e as transforma em arte. A isto se dá o nome de literatura – a manifestação da percepção de mundo e dos sentimentos do escritor sempre em forma poética. Assim foi o trabalho do jornalista e escritor Otto Lara Resende que, segundo ele próprio, "estava convencido de que tinha vindo ao mundo para escrever, para lutar com as palavras, por mais vã que fosse essa luta".

A admiração e o interesse pelo trabalho de Otto Lara Resende, escritor de grande importância e expressão literária, transparecem na leitura feita por Juarez Donizete Ambires. Estimular o pensamento e a reflexão parece ser seu objetivo ao nos oferecer sua interpretação de *Boca do Inferno*, livro do referido escritor, reeditado em 1994.

Juarez retrata as características da obra de Otto, em especial seu valor social – fonte de valiosas referências históricas e interesse cultural. Em sua análise, o autor destaca com propriedade e clareza as questões sociais e filosóficas que permeiam todos os contos do escritor – objeto de sua inquietude – e que refletem os problemas existenciais dos seres humanos. Através de associações entre subjetividade e forças externas, Juarez vai demonstrando as tensões entre o que é real e o que se apresenta na interioridade das personagens.

Outro ponto importante de sua interpretação é a reflexão a respeito do "silêncio", da tensão e de toda carga emocional presentes no texto de Otto – recurso estilístico que, segundo Juarez, é um "convite à ação do leitor ante o escrito".

Uma preocupação cada vez mais evidente dos pesquisadores em relação aos meios de comunicação de massa tem repousado sobre o poder da mídia de espelhar o mundo em que vivemos, de representar uma cultura.

Com o foco também na literatura, mas acrescido de um componente da comunicação – o cinema, o texto de Barbara Heller traz à baila questões de representação, identidade e hibridismo presentes no romance de Moacyr Scliar.

É no cinema – veículo de comunicação e representação – que o imaginário também se aproxima da realidade. Através de suas produções podemos aprender sobre literatura, história, outras culturas e outras vivências. Além disso, um leitor atento poderá observar as conexões entre a ficção, na qual os estereótipos, os mitos, comédias e tragédias ganham maior expressão e a história de uma cultura, de um determinado momento histórico.

O romance *Sonhos Tropicais* de Scliar, em suas versões cinematográfica e impressa, serve de pano de fundo para o trabalho de leitura e interpretação apresentado por Barbara Heller. A autora organiza sua análise em uma permanente construção e reconstrução de cenas, tanto no livro quanto no filme, no sentido de demonstrar o quanto questões como representação e constituição de identidades são importantes, especialmente para os estudos culturais da pós-modernidade. Por estar comprometida com estudos dessa natureza, a autora analisa trechos das duas versões – literária e fílmica – na qual a fragmentação cultural e identitária produzem uma fenda na vida das personagens, resultando em muitos desdobramentos.

É importante assinalar que o texto de Barbara traz uma relevante reflexão a respeito de algumas questões importantes relativas à subjetividade: a identidade do sujeito imigrante – que se desloca para outro lugar carregando consigo traços de sua cultura –, a forma como o outro o representa e, por fim, a sua nova identidade – agora híbrida, em razão da fusão entre as duas culturas.

Paulo Rogério Stella traz uma exposição histórica referente ao uso de designativos presentes em acervo de documentos de uma escola pública do interior de São Paulo, fundada em 1894. O autor apresenta uma pesquisa investigatória, documental e qualitativa que contempla cartas e ofícios escritos no período de 1905 a 1911. Por meio dessa pesquisa, faz uma reflexão a respeito do processo de significação deflagrado pelo uso constante do designativo "cidadão" antecedendo um nome próprio masculino e da prática de colocação do título "professora" antecedendo nomes próprios femininos – o que também deu início a um outro processo: o de uma possível refração de sentidos.

O tratamento dado a essas questões passa por uma discussão a respeito do funcionamento da linguagem, por um levantamento dos sentidos criados a partir do uso dos termos "cidadão" e "professora" e, ainda, por um levantamento do contexto histórico e da circulação do sentido de "cidadania", com base na Constituição dos Estados Unidos do Brasil, promulgada em 1891. A partir desse estudo, o autor busca demonstrar a conseqüente ligação direta das disciplinas de formação civil e política com os valores sociais em circulação e com a ordem política vigente nesse período.

Deve-se aqui ressaltar o fato de que a pesquisa desenvolvida pelo autor pode servir como fonte para outros estudos a respeito da questão do poder e da constituição de identidades de gênero, – temas tão presentes na pós-modernidade – já que Stella apresenta uma análise profunda do papel da mulher, destituída de plena cidadania nesse período histórico, e sua inserção na área educacional como uma forma de ascender profissional e socialmente.

A análise lingüístico-discursiva desses documentos nos mostra os reflexos da constituição Republicana de 1891, não só na escola pública, no uso da língua, ao definir claramente quem é cidadão e quem não é e, por fim, na circulação de vários temas referentes à cidadania, os quais marcaram profundamente a inclusão de alguns na plena cidadania e a representação de outros como sendo os excluídos – no caso, a mulher.

Para ser significativa, a ação social depende dos diferentes sistemas de significação que os seres humanos desenvolvem para dar significado às coisas e para regular e organizar suas condutas entre si. Assim, a ação social não é significativa em si, mas depende desses sistemas. São eles que dão significado às ações dos seres humanos e permitem que eles interpretem significativamente as ações do outro. (SCÓTOLO, 2003, p.37)

A questão da significação se faz presente na construção da identidade e da marcação da diferença entre os grupos, pois há produção e troca de significados em toda interação pessoal e social, em toda a produção e em todo consumo, à medida que incorporamos artefatos culturais às nossas práticas diárias. Do mesmo modo, a significação se faz presente na forma de regularizar a conduta social, pois os significados ajudam a estabelecer regras e convenções pelas quais a vida social é governada.

Com foco nas Organizações não governamentais (ONGs), o artigo de Janete Brunstein e Eunice Vaz Yoshiura encaminha uma reflexão sobre o poder das mídias no processo de articulação social. As autoras fazem uma (re)leitura das práticas exercidas por essas organizações, questionando até que ponto elas contribuem para o desenvolvimento da capacidade auto-organizadora da população. Além disso, as autoras abordam a questão da constituição da identidade da população jovem da cidade de São Paulo, por meio das ações das ONGs, especialmente as difundidas através dos recursos midiáticos.

Sabe-se que a importância da mídia reside na sua dimensão global, no impacto que produz sobre as sociedades, no seu caráter democrático e popular. Assim, os setores políticos e econômicos utilizam as mídias para representar seus valores culturais globalmente. Partindo dessa premissa, as autoras buscam identificar se a ação das ONGs junto às mídias está realmente voltada para o sujeito e para a prática social, se está focada no desenvolvimento de práticas eficazes no combate à pobreza e à desigualdade social.

Espero que a leitura dos artigos supracitados suscite nos leitores a mesma inquietação despertada em nós, a fim de que se estabeleça um diálogo, de tal modo que esses textos deixem de ser simplesmente textos e passem a ter um outro significado – o de discurso – que, muito mais do que materialidade lingüística, traduz a ligação fundamental entre a língua e a história.

Irene Scótolo
Primavera de 2007

Considerações sobre as implicações das Teorias da Interpretação na Ação Pedagógica

Irene Scótolo

> *A palavra está presente em todos os atos de compreensão e em todos os atos de interpretação.*
>
> Bakhtin

Este artigo pretende discutir a questão da interpretação. Ele consiste em uma investigação sobre a importância da linguagem para os estudos da interpretação. Entende-se que a noção de interpretação é um dos pontos mais relevantes para os estudos no campo das ciências da linguagem. Discutimos algumas das bases epistemológicas dos estudos hermenêuticos tendo como principais fontes os estudos de Ricouer, Bakhtin e Derrida.

Dentre os vários ângulos a partir dos quais se pode abordar a interpretação, apresentamos uma proposta que nos convida a examinar como as teorias sobre interpretação e linguagem podem influenciar na Educação. Neste trabalho, o principal é pontuar algumas referências teóricas, tecendo-se considerações sobre suas implicações na agência do professor e, por extensão, no discurso pedagógico.

Gostaríamos de esclarecer que nos restringiremos a demonstrar os pontos que consideramos mais relevantes para o encaminhamento de uma reflexão a esse respeito, sabendo ser este trabalho apenas uma contribuição, uma leitura.

Muito já se refletiu sobre a interpretação com o objetivo de compreender suas características e seu funcionamento. O filósofo Ricouer (1977), por exemplo, afirma que "a interpretação pertence organicamente ao pensamento simbólico e a seu duplo sentido", que suscita uma atividade intelectual de decodificação, e portanto está conseqüentemente inscrita no campo da linguagem. Para ele, o símbolo está ligado às suas significações primárias, literais (sua opacidade) e estas, por sua vez, estão ligadas pelo sentido simbólico que nelas reside.

No que diz respeito à linguagem, Ricouer afirma que a modernidade conferiu a ela uma situação de tensão, provocando uma crise advinda do questionamento quanto à unicidade do sentido. Tal questionamento provoca um outro, que é o da definição de interpretação. O autor vai buscar respostas na tradição Aristotélica e na exegese bíblica. A primeira, com a definição de interpretação como "dizer algo de alguma coisa" e com a discussão sobre as múltiplas significações do ser, abre uma brecha na teoria da univocidade. A segunda, entendida como interpretação particular de um texto, assemelha-se à hermenêutica quanto à definição do símbolo pela analogia e abre um espaço para a aproximação de dois conceitos: o da interpretação e o da representação.

De acordo com sua definição, "o símbolo é uma expressão lingüística de duplo sentido que requer uma interpretação; a interpretação é um trabalho de compreensão visando decifrar os símbolos" (op. cit., p.19). O autor explica que o trabalho da interpretação suscita

> uma estrutura intencional que não consiste na relação do sentido com a coisa, mas numa arquitetura do sentido, numa relação do sentido com o sentido, do sentido segundo com o sentido primeiro, que essa relação seja ou não de analogia, que o sentido dissimule ou revele o sentido segundo. É essa textura que torna possível a interpretação, embora só o movimento efetivo da interpretação a torne manifesta. (RICOEUR, 1977, p.26)

Atualmente, após tantos teorizarem sobre a problemática da linguagem e da interpretação, um balanço das abordagens vai nos mostrar que a hermenêutica possui tendências diversas, algumas conservadoras como a de Gadamer (2002), seguidor da escola saussuriana baseada na fala, e outras críticas como a de Derrida, defensor da desconstrução dos textos.

As proposições das teorias sobre interpretação (que destacaram principalmente a relação estabelecida entre linguagem e produção de sentido ao longo dos tempos) esbarraram no problema da universalidade/objetividade e da individualidade/subjetividade. Bakhtin, ao estudar a problemática do texto no pensamento filosófico-humanista, faz o seguinte questionamento:

> Coloca-se o problema de saber se a ciência pode tratar de uma individualidade tão absolutamente irreproduzível como o enunciado, que estaria fora do âmbito em que opera o conhecimento científico propenso à generalização. (BAKHTIN,1992, p.335)

Alguns como Schleirmacher buscaram descobrir as intenções objetivas dos textos e das mentes, de forma que o significado seria o mesmo para todos os intérpretes; outros, como Bakhtin, defendem a idéia de que a consciência individual é um fato sócio-ideológico. Em outras palavras, a realidade da consciência é a linguagem, e o conteúdo dessa consciência é determinado por fatores sociais. De acordo com a abordagem dada por Bakhtin, o homem é influenciado pelo meio, pelo conjunto de discursos que o atravessam ao longo de sua vida, mas se volta sobre ele para transformá-lo.

Como se vê, os estudiosos tentaram dar conta do processo interpretativo de diversas perspectivas teóricas.

Hoje, entende-se que, na hermenêutica dialética, o que dá validade ao sentido é o contexto; que a compreensão é sempre temporária e indefinida, nunca total e completa. A dialética é um princípio norteador do conceito de dialogismo proposto por Bakhtin. Segundo esse conceito, tudo que um falante diz pertence a outros além dele, pois várias vozes ecoam no momento do dizer, permeando o enunciado dialeticamente em constante interação e tensão, impedindo uma conclusão do enunciado, mantendo-o constantemente aberto a novas interações e interpretações.

Como princípio norteador de várias teorias de interpretação, a hermenêutica sugere um deslocamento na maneira de os indivíduos interpretarem a realidade, de forma que os textos a que estão expostos não sejam vistos como verdades absolutas, como conceitos solidificados. É preciso repensá-los de forma a buscar outros sentidos.

É preciso levar em consideração o fato de que os discursos não são apenas o reflexo da forma como uma sociedade se estrutura, mas eles são também constitutivos dessa sociedade. Sendo assim, são constitutivos dos sujeitos. Essa noção teve sua origem nas Ciências Humanas no começo do século XX, quando se começou a pensar que a linguagem não é apenas um reflexo do mundo, mas formadora da realidade. A partir daí não se pode mais pensar a linguagem sem pensar no seu papel constitutivo da realidade.

O conceito iluminista de um mundo concebido pela razão cedeu lugar para o conceito dialético de compreensão, onde aquele que interpreta também é interpretado, ou seja, aquele que interpreta é concebido como parte do processo de interpretação e como parte de seu contexto. O pensamento dialético é um princípio norteador de uma relação de mão dupla onde não há harmonia, onde uma das vias, a das condições objetivas, pode influenciar mais na concepção de realidade do que a via das condições subjetivas, já que é ela que está ligada a tudo o que é intelecto no homem. Para que o homem transforme o seu pensar, é necessária uma interferência nesse círculo dialético. Isto ocorre quando o homem percebe que existe outra maneira, além da sua, de interpretar a realidade. Esse é um momento de ruptura. É o ponto onde outros sentidos serão reconstruídos.

Sabe-se que há discursos capazes de produzir a realidade social na medida em que determinam, para o conjunto da sociedade ou para determinadas classes, modos de pensar e agir que constituirão o seu cotidiano e, portanto, a sua história. Pensar que o homem é constituído também pelas narrativas que circulam nessa sociedade faz muita diferença.

Pensar a linguagem como reflexo é bem diferente de pensar a linguagem como constitutiva. O homem está inserido em diferentes setores da sociedade. Nesse sentido é fundamental se pensar o homem constituído pela linguagem e não um simples utilizador de linguagens. É através dela que apreendemos a realidade. Em termos lingüísticos, a questão que se coloca é a que aquilo que se apresenta no mundo não tem uma expressão tão absolutamente coincidente com as palavras, como esclarece a lingüista Authier-Revuz (1990).

Assumir uma posição ou uma relação epistemológica em relação a discursos, valores ideológicos, visão de mundo, etc., é promover uma ruptura. O gesto de interpretação é um exercício constante de rupturas.

Embora haja uma pluralidade de interpretações desses discursos, acredita-se na idéia de que a interpretação predominante é a correta, que é essa a que melhor corresponde às intenções de quem produziu a mensagem. De acordo com Rajagopalan (1992), quando surgem maneiras diferentes e divergentes de se interpretar um mesmo texto, muitas vezes elege-se uma interpretação como sendo a "correta" e aceita-se as outras como "errôneas" ou "não autorizadas". Sem que percebam, a todo o momento os sujeitos tomam como ponto de partida para sua leitura de mundo alguns modelos já legitimados. Na sociedade em que vivemos há leituras que são mais legitimadas, mais autorizadas do que outras. Nesse sentido, as leituras e as interpretações são reproduzidas como se fossem cópias de um "significado original", como diz Rajagopalan. Mas isso não quer dizer que são sempre as mesmas, já que o contexto não é o mesmo. As interpretações são fruto de um trabalho de re-significação decorrente de um momento histórico, mas não há ruptura em relação aos discursos de verdade, aos valores ideológicos.

Segundo Bourdieu (1996), assim como acontece com a linguagem, que diz como eu devo falar, existe um "mercado interpretativo" que me diz como devo interpretar. Inferimos que um fragmento desse mercado é a instituição escolar.

É sabido que a instituição escolar é concebida como o lugar privilegiado para a produção de conhecimento. Ela seleciona o conhecimento a ser ensinado e aprendido, o distribui, controla sua apropriação e seleciona as interpretações. Além de seu papel de produtora de saber, a instituição escolar também constitui um tipo de poder.

Uma das vias nas quais esses mecanismos surgem materializados na sala de aula é o discurso do professor. Seu discurso é cheio de opacidade, apesar de chegar ao público como uma linguagem evidente, transparente.

Muito embora Arbib & Hesse (1987) afirmem que a busca do conhecimento não deve envolver a possibilidade de controle ou de previsões sistemáticas, nosso sistema educacional ainda crê na capacidade da Educação de iluminar o outro, cooperando para a construção de interpretações homogêneas e homogeneizantes. Trabalha-se com um saber já institucionalizado.

O professor, como produtor de discurso, ao assumir determinadas posições em relação à realidade também constrói posições para seus interlocutores, para seus alunos. No nosso sistema educacional, a posição predominante assumida pelo professor quase sempre é também a posição assumida pelo aluno. Nesse sentido, a fala do aluno se apresenta constituída pela voz do professor. Diante disso, a interpretação do aluno pode ser direcionada.

O que se observa nas instituições escolares é a existência de um paradigma classificatório, sentencioso, um "transmitir – verificar – registrar". A tal modelo é preciso contrapor uma visão que privilegie o "evoluir" no sentido de uma ação desafiadora do professor que favoreça a troca de idéias entre e com os alunos. O que se observa na prática, ao contrário de um modelo que privilegia a compreensão, é o fortalecimento da prática de julgamento. Alguns fatores como a autonomia do professor, a estrutura curricular, a natureza da formação didática do professor, que na maioria das vezes revela uma ausência de um conhecimento teórico quanto às questões educacionais, contribuem para a manutenção do *status quo*, ou seja, da concepção de professor controlador e conservador. Quanto ao aluno, a prática que alicerça suas atividades escolares será o seu modelo a ser seguido. Disso resulta a reprodução das práticas, dos discursos e das interpretações a que esteve exposto.

O sistema educacional brasileiro confere ao aluno o papel de ser guiado pelo professor e confere ao professor o papel de controlador. Normalmente, em sala de aula, ao mesmo tempo em que o professor enuncia de um lugar tradicional, que é o do controlador, daquele que dirige as interações, ele quer a participação do aluno. É bem verdade que o aluno pode resistir a esse condicionamento e assumir outras posições, mas, em função do trabalho das ideologias, o aluno espera que o professor seja como o discurso pedagógico diz que ele deve ser. Esse pensamento é fruto de uma concepção positivista que permeia todo o nosso sistema escolar. A concepção que se tem de interpretação e de compreensão está muito calcada sobre o paradigma de certo ou errado e não sobre a possibilidade do sentido ser outro.

Na prática, o que vemos, muitas vezes, é uma certa resistência em aceitar que dessa concepção faz parte um certo autoritarismo e a efetiva falta de uma relação dialógica, no sentido bakhtiniano do termo. O oposto disto seria uma concepção de Educação e de conhecimento como apropriação do saber pelo aluno e pelo professor, um modelo "ação – reflexão – ação" que ocorreria em sala de aula em direção a um saber enriquecedor, carregado de significados e de compreensão. Na relação professor–aluno, um conhecimento teórico sobre interpretação e linguagem resultaria em uma reflexão aprofundada, por parte do professor, a respeito das formas como se dá a compreensão do aluno sobre um determinado saber.

Na visão de Bakhtin (1992, p.334), "o ato humano é um texto potencial e não pode ser compreendido (na qualidade de ato humano distinto da ação física) fora do contexto dialógico de seu tempo (em que figura como réplica, posição de sentido, sistema de motivação)". Com isto, o autor quer dizer que é preciso considerar que a interpretação se dá a partir da posição em que o indivíduo – aquele que vai interpretar – se encontra.

Aprendemos desde muito cedo a classificar o mundo de forma binária. Somos epistemologicamente constituídos pela Educação dessa forma. Mas sempre há a possibilidade de uma ruptura e da erupção de novos sentidos.

O filósofo Derrida reconhece um outro lado das coisas, um outro espaço para o exercício da interpretação. Uma noção como a de "desconstrução", coloca-se como necessária para que ocorra o deslocamento das relações e nos indica a possibilidade de novas organizações, novas formas de saber. Segundo sua visão, nós aprendemos a olhar as coisas – "a estrutura" – sempre pelo centro. Devemos descentrar, ou seja, olhar sob outro ponto de vista. De acordo com Derrida (1978), o deslocamento dos "centros", que determinam o jogo das relações, opera um movimento cujo efeito é a produção de novos significados, novos sentidos.

A desconstrução não é uma teoria, não é o oposto de construir. É uma perspectiva ou uma dinâmica de leitura que não se propõe à construção; não almeja desconstruir para construir novamente. Em oposição à "metafísica da presença", conceito criado por Derrida para demonstrar a crença na existência de algo inquestionável, que não é passível de alteração, a desconstrução é um movimento de leitura que trabalha com a linguagem. Desconstruir significa analisar a própria linguagem e encontrar os pontos em que se pode desconstruir todo o processo de construção de significação; é conseguir ver outras camadas de sentido que essa linguagem produz, quais os outros sentidos que não estão contemplados; é resistência no sentido de resistir a uma leitura única. Para o filósofo, a linguagem e a realidade são como figuras ambíguas, isto é, elas podem até conter a possibilidade de um centro, mas não se pode negar que há também uma outra forma de se ver o mundo. Desta forma, privilegiar um significado marginalizando a possibilidade do outro é tentar fixar o jogo das configurações. É preciso, então, subverter o termo central de forma que o termo marginalizado possa vir a ser, temporariamente, o central. É preciso atentar, no momento de nossa interpretação, para a existência desse jogo de significações, que dá lugar às diferenças. Quando tal cuidado não se fizer presente, estaremos marginalizando sentidos e fixando valores, contribuindo para a centralização dos mesmos.

O pensamento de Derrida encontra aplicabilidade em sala de aula quando o professor toma consciência de que a atitude dos sujeitos em relação a esses centros e às oposições binárias pode interferir na leitura que eles fazem do mundo, influenciando suas relações com o mesmo. Nesse sentido, é importante que o professor saiba que o que vemos como sendo a mesma coisa e como diferente nos revela o que/quem é incluído ou excluído na sociedade.

A relação entre esse novo conhecimento e o mundo se estabelece pela linguagem, a qual está sempre sujeita à interpretação.

Segundo o autor, é preciso olhar o texto desconstruindo-o a partir daquilo que ele não diz. Para ele, o sentido literal não existe, pois o sentido desliza – daí o conceito de "differénce", que significa diferir e deferir.

O significado é sempre "diferido", adiado, sempre havendo uma forma de deslizamento O significado é, assim, um tornar-se, marcado pela diferença. Tal diferença é marcada simbolicamente e este é o meio pelo qual damos sentido às práticas e às relações sociais. É por meio dessa diferenciação que vivemos nossas relações sociais. São os sistemas simbólicos que nos norteiam como indivíduos e como parte da coletividade. Nesse sentido, a forma como um professor lida com o processo de formação das identidades em sala de aula é fundamental. Se elas forem construídas negativamente, darão margem à exclusão. Se forem construídas de forma que o aluno assuma uma postura crítica, celebrarão a heterogeneidade. É necessário, segundo a proposta de Derrida, entender que no centro do sistema de significação estão as estruturas classificatórias que dão ordem à vida social e que tendem a naturalizar e a cristalizar as diferenças. Em outros termos, diríamos que aos sujeitos da educação é preciso fazer entender que as oposições e as diferenças são criadas socialmente pela linguagem, o que, na perspectiva filosófica derridiana, quer dizer que o signo contém em si mesmo o traço da diferença, o traço do outro. O significado está sujeito ao desdobramento. Em termos lingüísticos, poderíamos dizer que o significado não é só "isso, mas isso e aquilo". (ORLANDI, 1999)

Voltando à questão da Educação, é preciso dizer que o professor tem consciência da necessidade de reeducar a maneira como lê e interpreta a(s) linguagem(s), porém, em nossa sociedade, o professor ainda se mantém conservador em nome de uma pedagogia que o posiciona diante do mundo. Seu olhar sociológico tende sempre a interpretar de acordo com os seus referenciais. Ocorre, de acordo com o já exposto, que a linguagem é passível de diferentes interpretações, pois os sentidos nunca são completos. Toda interpretação é sempre metonímica, ou seja, nunca se sabe o todo, apenas partes do todo.

A ruptura desse quadro ocorrerá quando o professor suspender a avaliação que faz da realidade e permitir um outro olhar, uma outra possibilidade de leitura e de interpretação.

Os textos que circulam em nossa sociedade são transportados para a sala de aula. O professor, aquele que está ajudando a formar identidades, deve questionar como esse conhecimento de mundo, que circula pelos materiais didáticos, está sendo articulado. Ele deve estar alerta quanto às ideologias que perpassam esse conhecimento e ter o cuidado de fazer com que o aluno as questione.

A ausência de um posicionamento quanto a esse saber que circula pela sociedade, e em especial na sala de aula, implica a homogeneização das interpretações.

É preciso, então, reler a Educação. O professor precisa reeducar seu pensamento. Construir novos significados, promover uma nova interpretação e uma nova linguagem. Tal posicionamento interfere no relacionamento que o professor mantém com seu aluno. Sabe-se que é função do professor compartilhar o conhecimento. As questões que se impõem são: Qual conhecimento será transmitido? Como? Em que circunstância? O professor deve permitir ao seu aluno que este se posicione frente aos valores que estão sendo transmitidos? Sua preocupação deve ser a de contextualizar, historicizar, levantar questionamentos e permitir que o aluno construa o seu próprio saber em face da descoberta de novos conhecimentos.

A partir de tudo o que foi demonstrado, concluímos que:

- A interpretação é condição de produção de linguagem. A nossa percepção de mundo passa pela linguagem e ela é que dá sentido à nossa realidade;

- É preciso promover um espaço de reflexão de modo a romper com as maneiras estabilizadas de pensar o conhecimento. Mostrar aos alunos que é possível uma revisão dos processos de significação. Tal revisão deve levar em conta o fato de que todo discurso é atravessado por outros discursos; que toda comunicação está em constante diálogo com a sua exterioridade de forma dialética; que todo dizer é produzido por um sujeito que se julga ilusoriamente uno e capaz de fazer escolhas e decidir o que dizer;

- Os homens têm um papel ativo e determinante na constituição dos sentidos, logo das interpretações;

- Não há sentido que não seja sujeito à interpretação. O modo como as palavras significam tem a ver com a linguagem, com os sujeitos históricos, razão pela qual as interpretações não são estáveis.

No mundo globalizado em que vivemos, as teorias mais recentes nos trazem um certo conforto na medida em que nos acenam com a possibilidade de reconstrução e de transformação dos discursos cristalizados que nos posicionam. Defendemos aqui o entendimento da interpretação como um processo simbólico que envolve linguagem, conceitos e posicionamentos diante da realidade. A interpretação faz parte de um processo de desconstrução dos discursos de verdade, do qual novas relações sociais surgirão, remodelando a sociedade como um todo. A nossa visão de mundo não pode privilegiar um único pólo.

Questionar os discursos é questionar todos os sistemas sociais e culturais que lhe dão sustentação; é interromper uma característica essencial do signo que é a repetição. O simples fato de interromper essa cadeia já acena com a possibilidade de uma quebra das relações de poder já existentes, com a desmistificação de sentidos já instaurados. Ao longo de nossa história, a celebração de um modo de pensar o mundo ocorre sempre pela repetição dos discursos. O discurso pedagógico é um discurso repetido por diferentes indivíduos e tem a capacidade de influenciar e de interferir no modo de agir e de pensar do coletivo – o que faz com que a hegemonia se estabeleça e que os significados passem a fazer parte do senso comum. Seria o caso, então, de pensarmos em quais os discursos que estão sendo repetidos em sala de aula e levarmos em consideração, no momento de nossa interpretação, a que interpretações sobre a realidade e sobre o mundo esses discursos estão nos guiando.

Referências Bibliográficas

ARBIB, M. & HESSE, M. "Interpretação e linguagem" in *The Construction of Reality*, UK, Cambridge University Press, 1987.

AUTHIER-REVUZ, J. "Heterogeneidade(s) Enunciativa(s)", in *Cadernos de Estudos Lingüísticos*, Campinas, n. 19, pp.1-179, 1990.

BAKHTIN, M. *Estética da Criação Verbal*. São Paulo: Martins Fontes, 1992.

BOURDIEU, P. *A Economia das trocas lingüísticas: o que falar quer dizer*. São Paulo: EDUSP, 1996.

DERRIDA, J. *A Escritura e a Diferença*. São Paulo: Perspectiva, 1978.

GADAMER, H.G. *Verdade e Método*. Petrópolis: Vozes, 4ª ed., 2002.

ORLANDI, E.P. *Análise do Discurso: Princípios e Procedimentos*. Campinas: Pontes, 1999.

RAJAGOPALAN, K. "O conceito de interpretação na Lingüística; seus alicerces e seus desafios", *in* ARROJO, R. (org.) *O Signo Desconstruído: Implicações para a tradução, a leitura e o ensino*. Campinas: Pontes, pp.63-66, 1992.

RICOUER, P. *Da interpretação: Ensaio sobre Freud*. RJ: Editora Imago, 1977.

Coordenação e concepção de universo: O polissíndeto no texto medieval e no texto contra-reformista

Clarice Assalim

Introdução

Hipotaxe e parataxe são dois processos sintáticos que se traduzem nas gramáticas com o nome de subordinação e coordenação, respectivamente. Vistos somente como processos de ampliação frasal, ou, menos ainda do que isso, tratados por manuais didáticos e por professores de português como simples formas de exercício "para o desenvolvimento do raciocínio", raras são as vezes em que esses processos são tratados como recursos estilísticos ou, mais raramente ainda, como processos de encadeamento de idéias que refletem a visão que o homem tem do mundo e da sua posição dentro dele.

Neste artigo, tratar-se-á, especificamente, do processo de coordenação e de como sua prevalência, em diferentes épocas da história, apresenta pontos em comum com uma determinada visão de universo e de Deus.

Duas serão as épocas abordadas aqui, por terem uma visão de mundo centrada na idéia de que Deus é o centro do universo: a Idade Média, notadamente marcada pelo Teocentrismo[1], e o século XVII, especificamente em Portugal, sufocado pelo pensamento contra-reformista[2].

Após uma breve caracterização dos dois períodos supramencionados, bem como da apresentação do conceito de coordenação, serão apresentados fragmentos de textos portugueses medievais e seiscentistas, objetivando demonstrar como diferentes processos de estruturação do pensamento requerem diferentes processos de estruturação sintática.

O português arcaico e o português seiscentista

Ao longo dos séculos de abrangência da Idade Média, a Igreja, fortemente organizada política e territorialmente, exerceu grande influência sobre o pensamento do homem, já que o clero era a elite intelectual e suas escolas eram fontes exclusivas do saber na Europa Ocidental.

Veiculando a idéia de que o destino do homem emana da vontade divina – a base do Teocentrismo – a elite religiosa se apresentava como o único elo e representação entre Deus e o homem. Desse modo, a Igreja deteve boa parte do conhecimento – seja através da instrução escolar, seja através do exaustivo trabalho de

---

1 O Teocentrismo (do grego θεός, theos, "Deus"; e κέντρον, kentron, "centro" é a concepção segundo a qual Deus é o centro do universo, tudo foi criado por ele, por ele é dirigido e não há outra razão além do desejo divino sobre a vontade humana.
2 A Contra-reforma ou Reforma Católica caracteriza-se por ter sido um movimento renovador da Igreja, como reação à Reforma Protestante iniciada por Martinho Lutero, e que teve como principal veículo a Companhia de Jesus, responsável pelas missões, pela formação do clero e pela educação da juventude, na propagação da fé católica e no ensino de sua doutrina.

cópia de manuscritos antigos, encetado por seus monges, de modo que a cultura medieval passou a espelhar esse pensamento.

É dentro desse quadro que a língua portuguesa começa a ser escrita: em fins da chamada Idade Média Central[3], período que abrange os séculos XI, XII e XIII. Essa primeira fase da escrita portuguesa é hoje chamada de português arcaico[4] e apresenta características gramaticais bastante diversas das do português moderno, que perduraram até o Renascimento.

Durante todo o século XVI, as línguas neolatinas começaram a se normalizar, e gramáticas de todas as línguas começaram a ser produzidas por toda a Europa. Era de se esperar, desse modo, que as línguas neolatinas, sistematizadas sob o antropocentrismo renascentista, refletissem essa nova visão de mundo. E foi o que, excetuando-se o português, aconteceu.

A educação européia no século XVII, ministrada nos colégios criados segundo o modelo do Renascimento, reflete o desenvolvimento das ciências experimentais e das matemáticas. O empirismo de Bacon, Hobbes e Locke e o racionalismo cartesiano, indo de encontro à tradição veiculada pelas autoridades políticas e religiosas, propunham uma postura crítica e investigativa do homem, mantendo, dessa forma, fortes vínculos com as ciências exatas e naturais, em franco processo de desenvolvimento nessa época.

No entanto, a penetração de Portugal no espaço cultural europeu deu-se numa época de oposição entre dois blocos ideológicos: o da Europa católica e o da Europa reformada[5]. Por razões sobretudo de ordem política[6], Portugal compôs o bloco católico, passando, em meados do século XVI, a ter a questão judaica como objeto de repressão anti-reformista. Desse modo, por dois séculos de instalação da Inquisição, Portugal passou por uma fase de censura intelectual, que revestia três aspectos: a) proibição da posse e leitura de livros constantes no *index prohibitorum*; b) fiscalização do comércio livreiro e da entrada de livros estrangeiros no país e c) submissão da produção literária à prévia censura do Santo Ofício. Com esse controle, a Inquisição produzia um discurso político determinado e específico, ortodoxo e, portanto, contrário à criação intelectual[7]. Assim, ao longo de todo o século XVII, "a Inquisição conseguiu manter a atividade cultural portuguesa isolada do movimento das idéias européias". (SARAIVA, 1981: 79)[8].

Portugal orientava-se pela filosofia escolástica, cujos maiores representantes foram os jesuítas, ficando, por essa razão, alheio ao desenvolvimento intelectual e cultural do resto da Europa.

---

3 Cf. FRANCO Jr. (1998)
4 Entende-se aqui, por arcaico, o período que se inicia no século XIII e perdura até o XVI.
5 Cf. SARAIVA (1981:176)
6 D. João III era cunhado de Carlos V, fiel a Roma e grande suporte político da Europa.
7 CURTO, D. R. *O discurso político em Portugal* (1600 – 1650), p. 81.
8 Como conseqüência, observa-se, em todas as manifestações artísticas, a introspecção de seus autores. No tocante às obras escritas, o culto à palavra supera o culto das idéias e os temas dominantes são sempre aqueles que não apresentam problemas ao sistema vigente: seráficos, hagiológicos, edificantes, congratulatórios.

Desse modo, o português do século XVII consiste em uma tentativa de retenção de uma forma lingüística que, de certa forma, se indispõe contra uma norma nitidamente burguesa e pagã[9]. A norma gramatical empregada nos textos seiscentistas, em português, não corresponde exatamente àquilo que prescreviam as gramáticas do século XVII, contemporâneas desses textos.

Os textos portugueses do século XVII aproximam-se muito mais dos medievais do que dos seus coetâneos escritos em outras línguas românicas. Naqueles, predominam claramente as estruturas coordenadas, razão pela qual torna-se necessário uma breve retomada de seus conceitos fundamentais, como veremos a seguir.

O conceito de coordenação e de conjunções coordenativas

Embora as gramáticas e manuais didáticos dêem pouca importância ao assunto, vários estudiosos têm-se dedicado à coordenação.

Dentre os vários conceitos encontrados, destacamos: coordenação é "termo que, na análise gramatical, se refere ao processo ou resultado de ligar unidades lingüísticas de *status* sintático equivalente, como uma série de orações, sintagmas ou palavras" (CRYSTAL, 2000:69). Martinet (1968:160) considera a coordenação como um processo de expansão sintática, chamando expansão ao acréscimo de qualquer elemento que não modifique as relações mútuas e a função dos elementos pré-existentes num enunciado. Segundo ele, há dois tipos de expansão: por coordenação e por subordinação. A expansão por coordenação ocorre quando a função do elemento acrescentado é idêntica à de um elemento pré-existente no mesmo quadro, de tal modo que, suprimindo-se este, aquele possa substituí-lo, desempenhando a mesma função. De forma análoga, Tesnière (1969) considera a coordenação fruto do *desdobramento* de um termo. Dik (1972) trata a coordenação como um tipo de construção em que se ligam dois ou mais membros de mesma função gramatical. Em consonância a ele, Rojas Nieto (1982:18-19) conceitua coordenação como "o procedimento combinatório sintático de termos equivalentes, insertos no mesmo nível de estrutura hierárquica, que se opera, seja por simples justaposição, seja por meio de um elemento conectivo". Moraes (2000: 168) define coordenação como sendo "um tipo de relação que se estabelece entre dois elementos equifuncionais".

Partindo da observação supracitada de Rojas Nieto, a coordenação pode operar-se por simples justaposição ou por meio de conectivos. Tais elementos, as chamadas *conjunções coordenativas*, caracterizam-se por serem conectivos que não

9 Cf. ASSALIM (2007)

se podem deslocar dentro da frase (propriedade que Martinet atribui aos advérbios, considerados monemas autônomos) e que estabelecem conexão entre quaisquer constituintes da comunicação. Câmara Jr. (1985:182-183) chama de conjunções coordenativas as partículas "que estabelecem uma ligação de seqüência entre as palavras, grupos lexicais ou orações, de uma comunicação dada, para indicar que se trata de uma soma de significações, acrescentando-se umas às outras para uma significação total em que todas figuram no mesmo plano". Ainda segundo o autor, a "coordenação sindética é um processo geral de expressão lingüística, cujo objetivo é dar mais unidade e travamento a uma oração informativa. Para isso, utilizam-se em português, como em muitas outras línguas, dois mecanismos gramaticais: um conjunto de partículas especializadas para essa função, ou seja, 'conjunções coordenativas'; uma série aberta de advérbios, simples ou em locução, que em concomitância com a expressão modal estabelecem um elo coordenativo". Esta é a razão pela qual consideram-se conjunções "verdadeiras" somente *e, nem, ou, mas*: as três primeiras "n-árias", ou seja, "capazes de, em tese, repetir-se n vezes entre elementos que coordenam", e tendo a "propriedade de agir em todos os níveis de construção, inter e intrafrasal" (Moraes, 2000:170); a última "binária" e capaz de estabelecer relações somente em nível interoracional.

A noção de conjunção coordenativa aproxima-se da idéia de *conjunction*: instrumento que se situa na fronteira entre a coesão gramatical e a coesão lexical. Assim, as "verdadeiras" conjunções coordenativas comportam-se como encadeadoras do texto, responsáveis pela coesão textual. Desse modo, as relações estabelecidas por elas em quaisquer níveis de construção vão formando blocos, que se juntam a blocos maiores, formando aquilo a que chamamos texto.

Parece ter ficado clara a idéia de que a coordenação seja um processo em que dois constituintes ocupam a mesma posição sintática, estabelecendo uma relação de adição, exclusão ou alternância.

A coordenação no texto arcaico e no texto seiscentista

A fim de demonstrar a similaridade do uso dos nexos de coordenação entre as duas épocas propostas, nossa atenção será centrada somente na conjunção <e>, destacando fragmentos da *Demanda do Santo Graal* (**texto a**) e do *Leal Conselheiro* (**texto b**), dois textos escritos durante a fase arcaica do português, e dois manuscritos seiscentistas: uma escritura de venda, de 1659 (**texto c**), exarada na Vila de São Paulo, e um relatório sobre os costumes paulistas, de 1690, (**texto d**), feito a partir de observações do relator e, sobretudo, de informações fornecidas pelos padres jesuítas. Nele, excetuando-se uma longa introdução, em que o relator louva a pátria portuguesa, bem como a Companhia de Jesus, há uma narrativa daquilo que lhe disseram os padres, seguida de suas próprias opiniões sobre os moradores de São Paulo.

Tanto no texto arcaico quanto no texto seiscentista, podemos observar a presença maciça da conjunção aditiva <e> como elo encadeador do discurso, coordenando quaisquer constituintes da sentença:

O <e> entre sintagmas:

(a): "Uum dia lhe aveo que a ventura o levou per ante uũ castelo, u havia uum torneo forte **e** maravilhoso; e havia i grã gente de ũa parte **e** da outra, e dos da Mesa Redonda havia i muitos, uũs que ajudavam os de dentro, **e** outros os de fora, e nom se conheciam, polas armas que haviam cambadas." (p.332)

(b): "E assy em nossas obras **e** em nossa vyda nom devemos de husar em desvairanças." (p.248)

(c): "era de mil **e** seis sentos **e** sinco | enta **E** noue annos" (linha 03)

(d): "a patria he may Vniversal, **e** comua de todos" (linha 01)

O <e> entre orações:

(a): "Entam filhou sua lança **e** embraçou o escudo **e** foi contra o cavaleiro, **e** o cavaleiro contra ele, quanto o pode o cavalo levar, **e** ferirom-se tam feramente, que fezerom as lorigas desmalhar." (p.205)

(b): "... ha negligencia ou preguyça de demandar as virtudes **e** esquivar os pecados, **e** assy se dooe do bem doutrem, **e** se alegra do mal del." (p.268)

(c): "Como eles tinham **E** pesuiam | hum pedaço de terra na borda do Campo" (linha 08)

(d): "pera milhor seuintillar **e** deçidir o ponto desta questaõ, **e** aclarar mais algũas comuinienças" (linha 210)

O <e> entre períodos:

(a): "E quando Tristam entendeu que era da Mesa Redonda, houve tam grã pesar, que nom pôde maior; e chamava-se cativo e astroso; e disse que jamais nom haveria honra, e que nom na devia de haver, como aquele que era perjurado e desleal contra os da Mesa Redonda. E foi a seu cavalo, e sobiu em ele e foi-se corendo quanto o cavalo o pôde levar, e fazendo tam grã dôo como se tevesse ante si morta a cousa do mundo que mais amasse. E os outros, que de-suũ ficavam, quando virom ir Tristam assi, fazendo tam grã dôo, e ir tam toste como se corressem empós ele, falarom ende muito. E Dondinax disse a Asgares:" (p.151)

(b): "... mas que nos livre do mal. E aalem de todo esto, por husar de caridade e comprir as obras da myseericordia, quanto bem podermos sempre dellas husemos. E daquestas smollas e ofertas nom se deve teer teençom que sempre sejam em grande cantidade (...), por amor daquel senhor que nos da quanto avemos. E assy a façamos pequena..." (p.119)

O <e> entre parágrafos:

(a): "... ca vos nom podedes defender contra tantos cavaleiros.

E el nom respondeu nenhũa cousa..." (p.304)

(b): "Da obra, o apostollo nos manda fugir de toda luxuria, fornyzio e çugidade.

E pera guarda deste pecado nosso primeiro fundamento deve seer amar e prezar virgiindade e castidade quanto se mais poder fazer..." (p.120)

A escritura de venda, excetuando-se o cabeçalho, apresenta um único parágrafo, composto de um único período, todo "colchetado" pela conjunção <e>. O relatório sobre os costumes paulistas, muito mais extenso e de natureza bastante diversa, constrói-se de vários parágrafos (34 ao total) e somente dois deles apresentam dois períodos. Além disso, apresenta uma seqüência de parágrafos (porque sua disposição formal permite-me chamá-los assim) iniciados por um <e> que é um elemento claramente somatório de uma série extensa de objetos diretos (catorze), de um verbo apresentado no início do texto.

"E como agora sou mandado a dizer sobre esta materia o que souber apontarei com pureza o que a elles [os padres] | ouui, e o que meparesse de seus

seus ditos; | Disseraõme que tinhaõ feito, muitos grandes seruissos a Deus e a *Vossa Magestade* que Deus *Guarde* na conquista dos | Indios"

Os catorze parágrafos seguintes, que continuam a relatar o que lhe disseram os padres, são todos iniciados por **E que**, deixando claro que ao primeiro complemento direto de *disseraõ* somam-se outros de mesmo *status*.

Eis alguns deles:

"**E que** sendo este o fundamento que temos do Brazil pera o pesuirmos, e nenhum outro como constará dos | lugares adonde isto mais expreçamente seexacta"

"**E que** depois que paçou Américo a descubrir o circullo antartiquo, fora o R*eue*-*rendissimo* P*adre* Nóbrega da Comp*anhia* | de Ie*s*us á Capitania de S*aõ* Vicente"

"**E que** ate aquelle tempo se naõ penetrou sertaõ por nenhum Misionario, mais que o de S*aõ* Paullo | pellas Sanctidades do P*adre* Iuzeph de Anchieta"

"**E senaõ que** o diseçe a antiguidade da Capitania do Spirito Sancto, e goitacazes"

"**E que** elles Paulistas eraõ os uerdad*ei*ros exploradores do Brazil"

Terminada essa seqüência, inicia-se outra em que o relator passa a tecer considerações pessoais sobre os moradores da Vila de São Paulo:

"E Depois de todas estas rezois me preguntaraõ se seria milhor deixallos augmentar en sua diabólica seita"

É de se notar que o <*e*> introdutório do parágrafo acima funciona como articulador do texto; é ele o responsável por, terminada a seqüência do que disseram os jesuítas, estabelecer a coesão textual, de tal modo que se retoma o propósito da carta.

Considerações sobre a coordenação nos dois períodos

Pela observação do comportamento das conjunções coordenativas nos *corpora* utilizados e pela comparação com o que os especialistas afirmam ter sido a coordenação no português arcaico, percebe-se que o processo de coordenação não se modificou através da história; ele é anacrônico. Não poderia ser diferente, já que a idéia de processo implica a própria estrutura, conceito mais amplo, que representa o arcabouço pré-existente à utilização dos signos que, ao serem conectados, ocupando todos os espaços dessa estrutura, arquitetam o texto. Assim, por mais que se tenha alterado a noção de texto, ou do uso dos conectivos, a urdidura tem de se manter intacta, pois é ela que promove a existência mesma daquilo a que chamamos texto.

No entanto, a grande semelhança entre o uso dos nexos de coordenação no português arcaico e no português seiscentista dá-se em relação à sua freqüência. Podemos observar que, no português do século XVII, do mesmo modo que no português medieval, o uso da conjunção coordenativa é bem mais freqüente do que hoje: aquilo que atualmente chamamos *polissíndeto*, e que usamos como recurso estilístico, é, nos dois momentos considerados, condição fundamental para que o texto se construa de forma coesa, revelando que o pensamento de uma época preside à escolha das estruturas mais adequadas a sua expressão.

No tocante especificamente ao uso dos nexos de coordenação, parece ser clara a idéia de que as alterações lingüísticas estão intimamente ligadas ao comportamento dos integrantes de uma comunidade, se considerarmos que a retenção de um fato lingüístico tipicamente medieval, como o polissíndeto, revela uma visão de história vertical – em que os acontecimentos são determinados pela vontade de Deus e sempre aludem à história de Cristo, ponto culminante da literatura judaico-cristã. Assim, passagens do Velho Testamento antecipam a vida de Cristo do mesmo modo que esta confirma profecias passadas.

Dentro da visão cristã, a história não dispõe de um princípio permanente de ordenar e compreender os fatos, restando ao homem a sua observação passiva e resignada. Nessa concepção histórica vertical, desaparece a temporalidade: os fatos não se condicionam, nem são causa ou conseqüência de outros, mas desígnios divinos. Daí a predominância de orações coordenadas na Bíblia, nos textos medievais e nos textos seiscentistas (frutos de uma época em que Portugal – e, conseqüentemente o Brasil –, submetido à censura intelectual provocada pela Inquisição, orientava-se por uma visão de mundo centrada no espírito severo e unificador da Contra-Reforma). Nessa concepção de mundo, anula-se a noção de tempo e todo acontecimento tem duplo sentido: o seu próprio e um outro, no mesmo plano hierárquico. Tal visão vai de encontro ao pensamento renascentista, que considera a história uma sucessão de fatos interligados numa relação de causa, efeito e condição.

Auerbach (2004:60-64) explica a opção pela parataxe ou pela hipotaxe opondo a retórica clásica à retórica cristã. Na primeira, o homem procura uma explicação para o mundo vinculada ao conhecimento e considera que a história se desenvolve como uma sucessão de eventos no tempo, interligados por relações de causa, conseqüência e condição. A lógica do mundo busca exprimir-se e sustentar-se pela lógica do discurso. "Essa visão do tempo desdobra a história num plano horizontal, e os nexos estabelecidos entre os fatos têm sua contrapartida na estruturação sintática dos textos." (CARONE: 1997,46). Já a retórica cristã, mais popular, justapõe os elementos sem os ordenar, porque só Deus pode ordenar o mundo e o compreender.

> Quando, por exemplo, um acontecimento como o do sacrifício de Isaac, é interpretado como uma prefiguração do sacrifício de Cristo, de maneira que no primeiro, por assim dizer, anuncia-se e promete-se o segundo e o segundo 'cumpre' o primeiro – *figuram implerem* é a expressão para isto –, cria-se uma relação entre os dois acontecimentos que não estão unidos nem temporal nem casualmente – uma relação impossível de ser estabelecida de forma racional e numa dimensão horizontal, se for permissível esta expressão para uma extensão temporal. Só é possível estabelecer esta relação quando se unem os dois acontecimentos verticalmente, com a providência divina, que é a única que pode planejar a história desta maneira e a única que pode fornecer a chave para a sua compreesão. (p. 64)

Sendo assim, muito mais do que um simples recurso de estilo, a escolha pela parataxe ou pela hipotaxe revela visão de mundo de uma sociedade. No caso especificamente do povo português (e, conseqüentemente, brasileiro), sufocado pela intervenção da Igreja Católica e alheio às novas correntes filosóficas do século XVII, a opção pela parataxe desprende a impressão de um mundo estreitamente ligado e fixo; a idéia de um Deus, um universo e um destino sem horizonte e sem ambigüidades.

O desenvolvimento deste trabalho permitiu que fizéssemos uma reflexão sobre a necessidade de considerarmos a língua como fenômeno social e histórico (AUBERT, 1996:13), elemento aglutinador da sociedade, que se reflete continuamente na língua que lhe serviu de instrumento.

Assim, pode-se afirmar que o caráter conservador da língua portuguesa seiscentista, exemplificado aqui pelo uso freqüente dos nexos de coordenação, constitua um reflexo da forte influência católica e do pensamento inquisitorial, decorrentes das profundas mudanças por que passava a sociedade ocidental contra-reformista. Mais do que em qualquer outra parte da Europa, foi na Pensínsula Ibérica que a Contra-Reforma atuou mais fortemente, isolando Portugal e Espanha das grandes correntes filosóficas do século XVII e de sua conseqüente produção cultural e intelectual.

Referências Bibliográficas

ASSALIM, C. A conservação de marcas gramaticais arcaicas em manuscritos e impressos do português do século XVII: ortografia e nexos de coordenação nos textos seiscentistas brasileiros. Tese de Doutorado, 2007.

AUBERT, F. H. "Língua como estrutura e como fato histórico-social: conseqüências para a terminologia" *in* ALVES, Ieda Maria (org). *A constituição da normalização terminológica no Brasil*. São Paulo: FFLCH/CITRAT (Cadernos de Terminologia, 1), 1996.

AUERBACH, E. *Mimesis: a representação da realidade na literatura ocidental*. 5ª ed., São Paulo: Perspectiva, 2004.

CÂMARA Jr., J. M. *História e Estrutura da Língua Portuguesa*. 4ª ed. Rio de Janeiro: Padrão, 1985.

CARONE, F. de B. *Subordinação e coordenação: confrontos e contrastes*. 4ª ed., São Paulo: Ática, 1997.

CRYSTAL, David. *Dicionário de Lingüística e Fonética*. 2ª ed. rev. e ampliada, Rio de Janeiro: Jorge Zahar, 2000.

CURTO, D. R. *O discurso político em Portugal* (1600 – 1650). Lisboa: Centro DIK, Simon C. (1972). "General properties of coordinations" *in Coordination its implication for the theory of general linguistics*. Amsterdan: North Holland Publishing Company, 1988.

FRANCO Jr., H. *Idade Média. Nascimento do Ocidente*. São Paulo: Brasiliense, 1998.

MARTINET, André. *Elementos de Lingüística General*. 2ª ed. rev., Madrid: Gredos, 1968.

MORAES, Lygia Corrêa Dias de. "Do discurso à sintaxe: para uma revisão das conjunções coordenativas em português" *in Estudos de Gramática Portuguesa (II)*. Frankfurt am Main: TFM, 2000.

ROJAS NIETO, Cecília. *Las construcciones coordinadas sindéticas en el español hablado culto de la ciudad de México*. México: Universidad Nacional Autónoma de México, 1984.

TESNIÈRE, Lucien. *Éléments de syntaxe structurale*. 2ª ed. rev. et corr. Paris: Klincsieck, 1969.

SARAIVA, José Hermano. *História concisa de Portugal*. 7ª ed., s/loc.: Publicações Europa-América (Col. Saber), 1981.

A Demanda do Santo Graal. Ed. de Augusto Magne. Rio de Janeiro: Imprensa Nacional, 1944.

Leal Conselheiro, de D. Duarte. Ed. crítica e anotada organizada por Joseph M. Piel. Lisboa: Livraria Bertrand, 1942.

Anexos

Manuscrito (c):

Escritura de Diogo deLara | de hũa testada de terras q*ue* lhe | uendeo Aluaro demoraiz Saibam Coantos Este p*ubli*co estromento de escri | tura de uenda de oje pera to do o sempre uirem | que no anno do naçim*en*to de nosso senhor İe | zu Christo da era de mil **e** seis sentos **e** sinco | enta **E** noue annos aos treze dias do mez | de Abril da dita era nesta uila de sam paulo | Capitania de sam Vicente do estado dobra | zil,
5 nesta dita uila em pouzadas de Alua | ro de moraiz onde Eu tabaliam ao diante | nomeado fui chamado, **e** sendo ahi lo | go apareceo o dito Aluaro de Morais **E** | bem asim sua mulher Luiza da fonçequa | aqui moradores **e** per eles ambos juntos | marido **E** molher mefoi dito perante as | testemunhas ao diante nomeadas **e** asi | nadas em Como eles tinham **E** pesuiam | hum pedaço de terra na borda do Campo par | tindo Com terras de gaspar João Bareto | as quais terras **e** sua testada he por onde | eles laurauão **e** de
10 Comprimento contentan | do Com aponta da serra de hu butu sunun | ga as Coais terras lhes couberam em par ||1v.|| tilha per morte de sua maj Ines Rodriges | que deus tenha como de sua Carta **e** folha | de partilha çonstaua, e ora eles ditos Alua | ro de morais **e** sua molher diceram uendião | Como de efeito logo uenderam de oje pera todo | o sempre a dita cantidade de terra **e** testa | da asima declarada asim **e** da maneira q*ue* | apesuião a diogo de lara por preço **e** Contia | de uinte mil Reiz em dinheiro decontado | que
15 diceram estarem ja deles pago **e** satiz | feito da mão do dito Comprador **e** por esta | o dauam por quite **e** liure da dita contia **E** | que de oje em diante o dito comprador fa | ria **e** dizporia da dita testada de terra | como couza sua propia Comprada por seo | dinheiro **e** farão de oje em diante seo uon | ta de **e** querer **e** o auia por emposado **e** que | seobrigauão por sua pesoa **e** bẽiz a todo | o tempo auendo algũa pesoa q*ue* sequei | ra opor contra o teor desta escritura dar **e** | sepor apoentes **e** lhefazer boas a todo o tem | po que
20 seia neçesario **e** de Como asim adi | ceram **E** outorgaram mandarão a mim | tabaliam fazer esta escritura neste ||2r.|| meo Liuro de notas **e** dele dar os treslados ne | sesarios sendo a tudo per teste munhaz pre | zentes françisquo İorge uelho **e** Ioam fr*anc*isco | pesoas de mim tabaliam Reconheçidaz | que aqui açinarão Com os ditos outer | gantes **e** pera dita outergante Luiza da | fonçequa a seo Rogo per ela acinou Ma | noel f*er*rera Rios Eu domingos Rodriguez | Maçiel tabaliam a escreuj // Aluaro de | morais
25 madureira // Asino a Rogo da | uendedora Luiza da fonçequa Manoel | ferrera Rios // Francisco İorge uelho // İoão Fr*anc*isco | o qual trelado de escritura de uenda de teras | Como assima **e** atras Consta Eu domingoz | Rodrigues Maçiel tabaliaõ do p*ubli*co judicial | **e** notas nesta dita uila treladei bem **E** | fielm*en*te da propia que em meo liuro | de notas fica a que merreporto **E** uaj | na uerdade sem couza q*ue* duuida faça | **e** o corri **E** comçertej escreuj **e** açinej | de meo publiquo **e** Razo sinais cus | tumados nesta
30 dita uila aos uin | te **e** dois dias do mez de abril da | era de mil **e** seis sentoz **E** cin ||2v.|| quoenta **E** noue annos

<u>D</u>omingos <u>R</u>odriguez <u>M</u>aciel
Comçertado por mim | tabaliam
<u>D</u>omingos <u>R</u>odriguez <u>M</u>aciel

35 <Escriptura de meu | tio d*i*ogo de Lara de | Hibutû sunumga | q*ue* foi de Aluoro de | Morajs>

Manuscrito (d):

Senhor.

Dis Cicero Principe dos Oradores, que a patria he may Vniversal, e comua de todos, e assim odeuemos | entender pella rezaõ de filhos soliçitandolhe cada hum en sua quantidade o bem comun que por | natureza nos comuniqua, que como affirma o Poeta, a todos os naturais comuniqa hum grandiozissimo |
5 | amor e affecto mais forte e poderozo que toda a rezaõ

Este amor de Patria este zello Portugues pello poderozo impulço, com que memoue, meanima a que rompendo | pellas ajustadas leis da rezaõ poça o meu affecto por ouzado aprezentar com o deuido respeito, e reue | rente humildade aos Reais pes de Vossa Magestade este piqueno manifesto de algumas notisias, E experiencias | que tenho das Capitanias do Sul do Estado do Brazil, especialmente
10 sobre os Indios conquistados e re | duzidos a Captiueiro pellos moradores de São Paulo pera que destas limitadas rezois com que as minas | de meu affecto oferesem aVossa Magestade na tosca pedra do meu entendimento a mais luzida uerdade com que deuo | proceder, poça Vossa Magestade mandar pulir ou liquidar do limitado fruito que dellas secolher algumas utilidades | pera o bem comun, e socego daquellas Capitanias, como particularmente pera o seruico que sedeue fazer | a Deus en
15 seuentilar algum meio que repare as hostilidades dos ditos Indios Captiuos;

Premita Deus nosso senhor que asim como o meu zello uai determinado ao seruiço seu, sejaõ as minhas palauras | taõ efiqazes que resplandesendo nellas o bom intento com que as digo conheça Vossa Magestade o grande animo | e alma com que as ofereço que como dis São Ambrozio, o espelho dalma resplandeçe nas palauras;
20 Os Reuerendissimos Padres da companhia de Iesus saõ uniuersais protectores dos Indios de toda a naçaõ Americana e en seu | fauor, e de todo o Brazil, teraõ já dito como taõ Christianissimos, e doutos o que sepodia discorrer | sobre esta materia de tantas consequencias, o que eu naõ defendo, nem aponto couza que possa | pareser mal toante aobem das almas daquelles Indios, mais que huma uerdadeira notiçia que | os moradores de São Paullo mederaõ estando eu naquellas partes, sobre a conquista e
25 captiueiro dos | ditos Indios paresendolhe que como no dilatado do longe donde uiuem naõ seriaõ ouuidos no tribu | nal supremo de Vossa Magestade correriaõ a reuelia suas cauzas sem quem dellas udesse articular | o seu direito;

E como agora sou mandado a dizer sobre esta materia o que souber apontarei com pureza o que a elles | uui, e o que meparesse de seus ditos;
30 Diseraõme que tinhaõ feito, muitos grandes seruissos a Deus e a Vossa Magestade que Deus Guarde na onquista dos | Indios; porquanto hera serto que descubrindo Pedro Alures Cabral o estado do Brazil, endo | os uerdadeiros senhores e pessuidores delle os Indios que nelle uiuiaõ, a primeira gente com quem setratou | foi com os de Porto Seguro, e com elles sepactou pax, e amizade na coal nos deraõ o direito que | hoje temos nas suas terras, que nellas pudessemos uiuer, e pouoar pellas comuiniençias
35 dos tratos | e politiqua rational, comque os dispunhamos pera abraçarem a nossa sancta ffee, e reduziremsse | ao sagrado Baptismo de ley de Iesus Christo;

E que sendo este o fundamento que temos no Brazil pera o pesuirmos, e nenhũ outro como constará dos | lugares adonde isto mais expreça mente seexacta, foi tal a nossa posse no seu consentimento ||1 v.|| [[Consentimento]] que logo daly por diante desfrutamos da mesma terra o Pau Brazil e outras |
40 drogas que entaõ paçauaõ a este Reino, sem nenhũa repugnançia da sua uontade contra a nossa | posse, mas antes por nos conseruarem nella nos enculquaraõ modos de Agriculturas pera augmentar | a nossa sustentaçaõ, satis fazendolhe com os instruimos ao gremio da santa Madre Igreia

E que depois que paçou Americo a descubrir o circullo antartiquo, fora o Reuerendissimo Padre Nobrega da Companhia | de Iesus á Capitania de São Viçente, e nella e seus Companheiros reduziraõ muita
45 gentilidade, e com o seu | consentimento tiueraõ os nossos exploradores a posse de hirem pouoando todas aquellas terras, cha | mando a todas aquellas gentes que com mançidaõ amizade e socego uiuiaõ comnosco, Indios mancos

E que ate aquelle tempo senaõ penetrou sertaõ por nenhum Misionario, mais que o de São Paullo | pellas Sanctidades do Padre Iuzeph de Anchieta e do Santo Padre Ioaõ de Almejda e seus companheiros |
50 que com poder de milagres faziaõ abalar pera pouoado a sefa[ze]rem Christaos o mais agreste gentio

38

55   E que sendo isto asim pasaram alguns annos athe que aquelles que por sua braueza e tiranias | lheuieraõ
     achamar gentio brauo, que no sentro daqueles sertois estauão embrenhados ou foçe pello | odio dos
     que chamaõ manços uniremse ao nosso gremio, ou pello exerçiçio de sua braueza por serem |
     custumados a continuas guerras pera captiuarem gentes e fazerem delles asougue pera sua sus |
     tentação; desçeraõ abaixo a pouoado a tiranizarem os Branquos que en suas cazas uiuiaõ qui | etos, e
     socegados;
     E que Irritados aquelles moradores que antaõ começauaõ auiuer em São Paulo, das suas crueldades |
     foraõ em ordem de pax ás suas terras pera uer se os podiaõ capacitar a que os naõ ofendesem | o que
60   aõ consentindo sepuzeraõ en som de guerra contra os Branquos, e rezultou desta pen | dencia en sua
     natural defença, o captiuarem algums destes gentios que trouxeraõ á pouoado | e delles seseruiraõ nas
     suas lauouras; instruindoos como catholicos pera se baptizarem como | sempre ofizeraõ,
     E que este gentio por sua grande braueza, e brutualidade, naõ ser capax de sereduzir no seu | sentro, por
     nenhuma sorte de miçionario os traziaõ a pouoado, e nelle os faziaõ idoneos pera por sua | liure
     uontade seadmitirem a ley de Iesus Christo nosso Senhor;
65   E que nestas e outras entradas, em que sempre andaraõ os serenissimos Reys e senhores nossos | de
     Portugal; lhe naõ impediraõ o poderem uzar da seruidão destas gentes e que sendo | asim lhesparesia
     faziaõ nisto que alegauaõ grande seruiço a Deos e a Vossa Magestade pelas rezois seguintes:
     A primeira que era uerdade, e elles naõ ignorauaõ, que por nenhũa lei diuina nem humana pela | rezão de
     Catholicos, podemos Captiuar nem uiolentar nenhũa nação inda gentilica ao nosso | gremio pella força
70   do direito natural, sem que elles comcorraõ de sua liure uontade, no que | os querem admitir,
     exçetuando sómente aquelles que nas suas terras estaõ sentençiados | pella tyrania dos outros, a
     secortarem em asougues pera sustento daquella Barbaridade | e como titolo delle redemirmos a uida e
     os fazermos christaõs sustentandoos e tratando delles | como de nos que so por esta rezão nospodemos
     seruir delles; como milhor constará da Bula | que os Summos Pontifiçes consederaõ a este Reino sobre
75   o gentio de guine.
     E que sendo isto asim naõ sabiaõ seestaua interrompida esta lei se pela meliçia dos homẽs se pela | rezão
     dos suçessos, porque estauaõ uendo continuamente hirem de todo o Brazil por trato e negocio
     ||2 r.|| [[Enegocio]] a Angolla e a essas mais comquistas a carregarem nauios dessas gentes, que sem nos
     ofen | derem, em huma minima os estamos uendendo, e alheando, sem deixar de seguir esta regra ne |
80   nhũa sorte de estado, e afirmariaõ elles, que isto asim como sepratica, sesexecutara o que era rezaõ |
     que muitas fazendas engenhos e cazas auiaõ de achar fundamentos pera dizerem que os de guine |
     heraõ directamente captiuos, e inda em rezão de estarem nas suas terras sem nos hirem mal | tratar as
     nossas, em que nos ualesse pera os mal tratarmos, o direito natural da defençaõ
     E que isto suposto coanto mais direito tinhaõ elles naquelles que uindo nos ás suas terras, e osfazer | mos
85   christãos em ordem de republica, e poli[ti]ca raçional irmanandonos com elles, cazandolhe | con suas
     filhas, como se uiu nos primeiros pouoadores, e outros agrados filhos da nossa Christan | dade; pera
     nos pagarem com os asaltos com que tem tiranizado, nossas uidas nossas fazendas | com execrandas
     crueldades sem perdoar á mais tenra Ignocensia, como comos nossos olhos ti | nhamos uisto en todo
     aquelle estado em muitos lugares da Bahia,
90   E que senaõ paresera deshumana comparasaõ puderaõ trazer a seu fauor a comquista da mesma |
     America, pellos Espanhois; que pera sedarem a temer e asegurarem a sua Monarquia, e descansso |
     uzaraõ algumas Tyranias naõ premitidas a sua christandade e que setermos as historias | antigas, e
     modernas do Peru, achariamos que inda á uista daquelle taõ grande estrago que nelles | fizeraõ estaõ
     inda deprezente uzando de suas Barbaridades; sendo esta gente mais domestica | que estes indomitos,
95   e entratauis do Brazil, que nunqua por nos foraõ conquistados mais que | como doçe da pregaçaõ de
     tantos misionarios que tem penetrado esses sertois sendo a nossa | Piedade e brandura total motiuo de
     huma uniuerssal imquietaçaõ, despouoando as terras per | dendo as fazendas, e dandolhe ouzadia a
     que mui breue de todo nosfizessem despouoar, e que | se elles Paulistas naõ foraõ com as suas
     entradas no sertaõ que ja hoje estiueramos dos ditos | gentios tragados e comidos;
100 E senaõ que odiseçe a antiguidade da Capitania do Spirito Sancto, e goaitacazes, e pera o norte | o Rio
     das carauellas Porto Seguro Patipe, e os Ilheos o lastimozo estrago, que en seus mora | dores fizeraõ
     naõ escapando no sagrado da Jgreia donde osapanharaõ juntos pera ahy osma | tarem, e tiranizarem, e
     que odiga tao bem o rio das contas, Camamu, Cairu, as muitas uezes que | foraõ destruhidos, e
     despedaçados, e que falle o reconcouo da Baia Gegoaripe, Capanema, Maragripe | e Caxoeira as

105 uezes que despouoaraõ suas cazas lauouras de farinha, com que sustentauaõ aquela | Cidade e finalmente o Rio grande e as nouas pouoacoes do Rio de São Francisco, a cantidade de gentes | e a multidão de gados que mataraõ e o aperto em que todo o Brazil setem uisto naõ podendo atalhar | este dano, nem tropas de Campanhistas nem terços de emfantaria que naõ foçe tudo destruído | ou pello agreste dos caminhos, fomes e asaltos com que o mesmo gentio os distruhia, e matauaõ como | fizeraõ
110 no Cairú auançando hũa estancia de soldados que nem o Cappitam lheescapou, e final mente | naõ falando em outras muitas antiguidades que seexperimentaraõ outras maiores crueldades no | lastimozo espectaculo que sechegou a uer en caza de Andrade de Couros no Cairú e outros muitos que | se uiraõ nas taperaroquas en caza de Joaõ Peixoto Viegas;

E que chegando a Bahia a tal extremo que estauaõ Postos como en serquo pello aperto com que este gen |
115 tio tinha destruhido seus recomcouos, lhemandara pedir o Governador Geral Afonço Furtado; a elles | Paulistas lheuiesse afugentar aquella gente, com que com effeito uieraõ, e pactando com elles
||2 v.|| [[Com elles]] sobre este ponto de escrauidaõ naõ somente lhoconsedeu, como outras honrras e fa | uores, que delle receberaõ, e que fazendo sua uiagem á Serra do Orobo que seruia de Couil aqueles | monstruozos indiuiduos da natureza humana ficou taõ destruhida que jamais setornou | a experimentar
120 nenhum outro aluoroço.

E que aquietandoçe a Bahia com o efeito de suas armas ficaraõ os Sertois liures pera os Padres misionarios | reduzirem e catiquizarem aquelles a quem chamamos manços, e que finalmente nenhũa outra | comquista tinha o direito de os catiuar pello rezaõ que alegauaõ senaõ elles Paulistas | porquanto lhe naõ custaua o trabalho de os irem comquistar aesse çentro do sertaõ com o dis | pendio
125 de suas fazendas e Riscos de suas uidas, nem elles ofenderaõ nunca a nenhuma | aldea mança que auezinha com as pouoaçois porquanto hesses se naõ deixaõ captiuar | tanto por estarem debaixo da administraçaõ dos Reuerendissimos Padres da Companhia como por serem mais do | mesticos e por sua liure uontade procurarem o gremio da Jgreia, e mais quando nenhuma | desta gente setem uisto seruir a outrem mais que por seus interesses;
130 E que elles Paulistas eraõ os uerdadeiros exploradores do Brazil, e nisto tinhaõ feito grandes seruiços | a Vossa Magestade pois com o seu temor, e armas afugentaraõ o mais do gentio brauo que auizinhaua | com os das marinhas deixando lugares capazes pera sepouoarem como taobem no sertaõ donde | ficou mais franqueada a entrada áquelles que nesses longes quizeraõ estender seus gados | pera sustento de todo o Brazil; tendo Vossa Magestade muitos grandes rendimentos de toda esta Criasaõ, e que | elles
135 tinhaõ descuberto as minas do muito ouro que ha naquellas Capitanias de São Paullo Pernagoha | Pernahiba, e as serras, do Sobrabusu adonde dizem tiraraõ finississimas esmeraldas os Azeredos | do Spirito Santo, e a serra de Soroquaba, adonde tirou copioza prata o marques das minas Dom | Francisco De souza, e que nenhũa destas couzas puderaõ conseguir sem o seruiço deste gentio pois com elles | curçauaõ os mesmos sertois, e com elles abriaõ os minarais, e uzauaõ do lauor com que
140 sustentauaõ | todo o Brazil, de farinhas de trigo, e de pau, Carnes feiiaõ Algodois e outras muitas mercansias de que | pagauaõ a Vossa Magestade seus tributos; e quintos do muito ouro que tirauaõ. E que naõ era justo que | o que elles faziaõ por seruiço de Deus, em oschegar ao gremio da Jgreia catholica, pera a sal | uaçaõ de suas almas, e em seruico de sua Magestade de com elles fazerem suas entradas pera | aquietaçaõ de todos com particular bem das pracas, e augmento de suas terras e cazas
145 que | a custa de tanto sangue que das treiçois do dito gentio tinhaõ por hesses sertois deramado | lhos fizessem agora libertos pera os destruhirem, e daqui amenhan a mesma malicia que | hoje trazem sopeada com o temor do captiueiro, a soltem com a liberdade, e seleuante com elles | e com todo o Brazil, Coanto mais que esta comquista a naõ fazem mais que ao gentio brauo | adonde os Reuerendissimos Padres misionarios naõ chegaõ com suas misois nen esta braueza he capax | de
150 sereduzir na liberdade de seus sertois sem os fazer domesticos em pouoado.

E Depois de todas estas rezois mepreguntaraõ se seria milhor deixallos augmentar en sua | diabolica seita, barbaros costumes augmentando o imferno, com seus dezatinos en prejuízo | de nossas uidas, e fazendas ou se seria milhor chegalos a fazer catoliquos, e a seus filhos naturaliza | llos, pera augmentar os pouos com a sugeiçaõ de osseruir; Eu lhe naõ soube responder sem
155 ||3 r.|| [[Sem]] de tudo dar uista a quem poca rezoluer o que milhor for pera o seruiço de Deus e de Vossa Magestade

O Que somente direi de seus ditos, pello que, vi pizei, e apalpei he que estes moradores de São Paullo são | gente indomita e imcapax de sereduzirem a termos expeculatiuos ou pratiquos porcoanto entre |

160 elles, as suas leis saõ as da comuiniencia, e do gosto, e como nestas duas uazes fundaõ os alisersses | dos seus interesses paresseme que pera os desuadir, e derrubarlhe as torres da opiniaõ com q*ue* defendem a es | crauidaõ do gentio q*ue* he o tudo en q*ue* sefunda o seu objecto, ou ha de ser com huma bataria Real | que os araze e destrua, ou com huma ardiloza [rasura] endustria que os contente pera por estes | caminhos, os reduzir a termos praticaueis e de rezaõ, porq*ue* de outro modo paresseme será de nenhun | fruito porquanto no emficionado daquella republica ham de obrar mais os medicam*en*tos
165 benignos | e de linitiuos do q*ue* a uiolenta cura de lhecortar logo os erpes;
Acreditarei isto que digo como q*ue* sucedeo pouco antes de eu chegar á Villa de santos porto da Villa | de São Paullo.
Gouernando á mesma Villa Thomas Fer*nandez* de Oliu*e*ira serto frade por ser seu inimigo escreueu a São Paullo | que o dito tinha huma hordem pera publicar que nenhum Indio de Cabello Corridio foçe
170 ca | ptiuo, improuizo desçeraõ abaixo milhor de sinco mil homes entre Brancos mistiços e | mesmos Jndios armados e com hum terremoto horriuel auançaraõ á caza do Cappi*ta*m p*er*a omatarem | e queimarlhe as cazas, fechandoçe e pedindo auxilio a Deos, e á algumas peças de maior quinhão | naq*ue*le sequito amutinado, requereu o naõ matassem sem seproçeder juridicam*en*te do que lheleuantauaõ | atalharaõ o incendio das uiolencias os q*ue* os capitaniauaõ, e tirandoçe deuaça seachou
175 ser tudo falço | nascido do dito frade com q*ue* se retiraraõ quietam*en*te;
Pouco tempo depois sucedeo hir a *São* Paullo; o Cindicante João da Rocha Pitta, e prezumindo os Pau- | listas q*ue* elle trazia a mesma hordem, pello dito auer no rio de Janeiro libertado algum seim | quietaram de sorte que foi nesecario dizer o dito Sindicante que tal hordem naõ trazia
Agora de proximo hum fulano, galete, que foi prouido pello G*ouernad*or G*eral* Ant*on*io Luis Gonçalvez
180 da Camera | por prouedor ou outro officio das minas der Pernagoha, pello não chegar a pesuir leuantandolhe | o mesmo foi tal a carreira que lhederaõ que a bom saluam*en*to, uejo parar na B*ahi*a, adonde fiqua
Porem Abstrahindome de tudo isto que rellato, taobem mepareçe naõ ha regra sem excepçaõ porq*ue* entre | este pouo ha taobem homes que em parte poderaõ tolerar algumas condiçois en fauor do gentio |
185 animandose V*ossa* Mag*esta*de com a merçe de honrrallos, porq*ue* alem de terem inda aquella inclinasaõ que | seus primeiros pouoadores tinhaõ a data de coalquer roupa Vermelha; com q*ue* os pr*imei*ros esploradores | os contentauaõ inda hoje existe nelles tanto este honorifico q*ue* se V*ossa* Mag*esta*de asim sedignar de oman | dar fazer tera duplicadas minas e m*ui*to maiores interesses en seus comerçios;
190 Senhor o que só digo he que caresse m*ui*to aquellas Capitanias deste mesmo gentio quer liberto quer Cativo | porque sem elles nem V*ossa* Mag*esta*de terá minas nem nenhũ outro fruito daquellas terras por ser tal | a propriedade daquella gente, que o q*ue* naõ tem gentio p*ar*a oseruir uiue como gentio sem caza mais | que de Palha sem cama mais q*ue* huma rede, sem ofiçio nem fabrica mais q*ue* canoa linhas anzois | e frexas armas com q*ue* uiuem p*er*a sesostentarem e de tudo o mais saõ esquecidos, sem
195 appetite de | honras p*er*a a estimaçaõ nen augm*en*to de cazas p*er*a a conseruasaõ dos filhos, porque inda p*er*a hirem a de | zobriga da Igreia alegaõ que naõ tem uestido e os q*ue* mais tem antes de tratarem do q*ue* hão | de uestir trataõ do q*ue* haõ de comer com descanço das suas peças e nisto occupaõ a pr*imei*ra gente
||3 v.|| [[Gente]] que posuhem, que só a que lheresta do seruico da caza da Rua e do campo ocuppaõ em |
200 lauor, e naõ paresera que o ter m*ui*ta ou pouca gente aquellas Cappitanias he capas de fabricar em | m*ui*ta ou poucas terras senaõ auer m*ui*to gentio que he so o que seemprega em todo este trabalho, e inda | digo mais que se V*ossa* Mag*esta*de mandara pouoar aquellas terras com a mais robusta gente, e rustica | que tem o seu reino aos coatro dias sereduziaõ na mesma forma dos Paulistas, porque he serto | que daquellas bandas se naõ tem uisto athe hoje Criado que ua de Portugal com seu amo | que naõ
205 aspire logo a ser mais que elle, e por todas as rezois comuem a todo o Brazil auer nelle | m*ui*to negro de guine m*ui*to gentio da terra, que sem esta gente se naõ podera tirar nenhum | fruito do Brazil porque tudo llá e o de lla he hũa mera preguiça como asim oacredita D.| Francisco Manoel no l*iu*ro que compos preguiça do Brazil;
Restame agora dizer algũa couza sobre o natural do mesmo gentio agregando alguns acceçorios | pera
210 milhor seuintillar e deçidir o ponto desta questaõ, e aclarar mais algũas comuiniençias | pertencensentes ao nosso estado, valendome de muito grandes authoridades particular mente | dado Antigo Tertuliano em que dis que he couza asentada atribuirense as propiedades | dos homens aos

	climas das terras em que nasçem ou em q*ue* uiuem, donde ueio os comicos cha | marem aos da Phrigia
	Timidos, e Salustio aos Mouros uaós, e aos Dalmatas ferozes, e aos Cre | tenças chama o Apostollo
215	Saõ Paullo mentirozos;

Naõ tem menos propriedades no seu clima este gentio do Brazil en todo do q*ue* tem em partes os de q*ue* \| setrata nos textos apontados porq*ue* por natureza tem o serem timidos e traidores e por trato uaós \| e sem firmeza e por officio tyranos e ferozes, e por mais q*ue* tudo mentirozos sem palaura sem ffee \| nem lei nem Rey; naõ moatreuera a dizer se asim o naõ tiuera ja dito em propios termos o
220 R*eue*rendissi*m*o \| P*adre* Simaõ de Vasconsellos da Com*panhi*a de I*e*sus no seu l*iu*ro que fes das couzas curiozas do Brazil en q*ue* \| dis em hum lugar falando das naturezas do mesmo gentio; no l*iu*ro 1 fol*ha* 135 nº 134 saõ incons \| tantes e uarios; e em outro do l*iu*ro 1 fol*ha* 126 nº 125 q*ue* saõ cruelmente uingatiuos com crueldades \| deshumanas; e fol*ha* 156 nº 156, Tapuias he gente atreicoada e tragadora q*ue* igoal*men*te anda a caça \| da gente e das feras pera pasto da gulla, e a todas as naçois
225 tinha feito insultos quer no \| publico quer no secreto e por isso hera tida de todos por inimiga, E no l*iu*ro 2º, fol*ha* 171 nº 1º hum \| tragador da gente humana amador de Ciladas hum saluagem em fim cruel e deshumano \| comedor de seus propios filhos sem Deos, sem Ley, sem Rey sem patria sem republica sem rezaõ \| e pellas experiencias que delles temos nada do que obraõ a nosso fauor he por uontade pro \| pia, senaõ pello temor das armas e da sugeiçaõ do captiueiro ou de alguns mimos com
230 q*ue* os obri \| gamos; porem como nelles esta inconstançia he natureza estaõ dispostos a coalquer terramoto \| de Armas q*ue* haja contra nos a seleuantarem e fazerennos m*ui*to danno como suçedeo na guerra \| com que inuadiu o olandes o estado do Brazil com quem logo seuniraõ e rebelandose contra \| nos nos perseguiraõ forte m*en*te por hesses matos pera onde setinha retirado a maior parte \| da gente que naõ era de armas, e com este fauor teue o Jnimigo ásistençia de tantos annos
235 \|\|4 r.\|\| [[Annos]] em Pernambuco que naõ pudera conseguir por limitados tempos; se a gente retirada tiuera \| lugar aonde seemcorporasse, que naõ faziaõ pello temor do estrago que pellas costas lhefazia esta \| barbaridade que se os naõ tiueraõ pão deraõ nessas brenhas imcorporarçe os nossos e fazerem suas \| surtidas que naõ tiuera o inimigo mais lugar que encurralarsse nas praças porque franquean \| dolhe, as campanhas, e empedindolhe os uiueres de neseçidade ou seauiaõ de retirar ou render tanto \|
240 por naõ serem capazes de pendençiarem nos mattos, como os nossos naturais serem destricissimos \| mais que nenhũa naçao como seexperimentou em Pernambuco

Assim q*ue* por m*ui*tas rezois sedeue trazer este gentio sopeado e atemorizado como terramoto das armas \| dos Paulistas pera q*ue* naõ preualeçaõ en seus soltos dezatinos, e mais quando conuem isto m*ui*to pera \| seguranca do mesmo Brazil porque meparese naõ terá ouzadia, nenhũa naçao estrangeira de \|
245 oemuadir nen tendo de dentro quem osocorra, nem a nos nosofenda pellas costas porq*uan*to tem \| hoje aquelle estado m*ui*ta gente mesticos e ainda Jndios manços e domesticos, e tanto estes \| como os que trazem doutrinados, os Paulistas saõ m*ui*to gra*n*des guerreiros e os que milhor obraõ en se \| melhantes conflictos como seuiu en Pernanbuco no regim*en*to do Camaraõ e De Henrique Dias

Tem aquelles sertois algumas Aldeas com titolo de domesticas debaixo de algũa administra \| çaõ que naõ
250 querem admitir P*adre*s Spirituais nem sugeitaremçe á doutrina, e apenas ofazem no \| Baptismo, estes he m*ui*to nesecario fazellos admitir ministro da Jgreia, por duas rezois a p*ri*mei*ra* \| pello bem de suas almas, a segunda por lheempedir q*uem* os administra a que naõ desçaõ a \| baixo a pouoado a fazer algum danno, aos branquos como setem uisto com o titolo de Brauos \| fazerenno, o que naõ poderaõ conseguir com essa facilidade por lheseruir o administrador de \| testemunha de uista.
255 Aduertindo que estes P*adre*s sejaõ Portuguezes ou de naçao segura sendo da Com*panhi*a de I*e*sus pello grande \| cudado que tem de suas uidas e almas e bons costumes, porq*ue* segundo dizem m*ui*tos sertaneios \| em algumas aldeas adonde asistem estrangeiros, andaõ aquelles Indios mui fora da nossa \| obediençia e não sey se comfeçando a danaçaõ do administrador, naõ affirmo por serto porq*ue* \| o naõ uy, porem so direi que estando eu na Cappi*ta*nia de sergippe del Rey auera sete p*er*a oito \| annos, ueio
260 chamado da camara daq*ue*la Cidade hua piquena Aldea Q*ue* com ella auizinha \| pera selhefazerem preguntas de sedizer que a Aldea do Rodelas que auezinha com o Rio de S*ão* Franc*isc*o e está debaixo da administraçaõ de Religiozos franceses, lhefizeraõ auizo se passasem \| p*er*a llá e se encorporassem com elles porq*uan*to os seus padres hiaõ ajuntando mais p*er*a conseguirem \| hum negocio que importaua a todos, e outras couzas q*ue* não repito por paresserem Ipoqhri \| cas, e tratadas por gente que
265 tem por natureza, o estar sempre mentindo, porem a maior cau \| tella e preuençaõ numqua fes danno, mas antes espertou o duertido;

Isto que digo S*enh*or he o que sey, **e** o que sinto das experiençias **e** notisias q*ue* tenho dessas terras **e** não | digo mais sobre esta materia porq*ue* este ponto he mais pera sedetreminar en cadeiras por quem | osaiba resoluer do que explicado por mim q*ue* o naõ sey detreminar, en comcluzaõ **e** rezumo

270 ||4 v.|| [[**E** rezumo]] de tudo o que tenho Dito **e** olho por consequençia imfaliuel que todo o Brazil carese | dos home*n*s de S*ão* Paullo porq*ue* as monarquias **e** tudo o mais, pellos meios por donde seadquiriram | por esses mesmos sedeuem conseruar; **e** sobre tudo permita nosso s*enh*or q*ue* sejaõ as fortunas daquelle | Estado tam grandes como os intentos de suas Reais Eleiçois, **e** taõ prosperas q*ue* cheguemos | todos a uer nos felicissimos annos deV*ossa* Mag*esta*de compridas todas as promessas que a diuina |

275 palaura asegurou aos senerissimos Reis de Portugal predecesores de V*ossa* Mag*esta*de que Deus G*uard*e

Umilde Vaçallo de V*ossa* Mag*esta*de
<u>Bertolomeu Lopez de Caruallho</u>

A localização do leitor

Análise do Prefácio do Livro III da Ética

Sebastião Haroldo de Freitas Corrêa Porto

Prefácio Introspectivo

Ante o sistema espinosano, a dificuldade assanha a fuga. Mas a hora da fuga já se fez, é tarde. O desafio lançado se mantém irresoluto!

Não seria tal parágrafo o próprio veredicto da teimosia, e da prepotência, claro, que a acompanha? Louvável arranjo, sincero, justo, cordial. A parte proponente aceita os termos do acordo que ela mesma oferece. Não há suscetibilidade, até porque a parte aqui coincide com todo sujeito, ficando à história, árbitro adequado, porque inexorável, o juízo definitivo. Mas quantos anos bastarão para que o irresoluto de agora se resolva? Não muitos. A contenda é simples: a reflexão do sujeito se encontra à altura do objeto que deseja dominar? As vacilações conscientes do sujeito lhe indicam um quadro nada animador. A torcida, sempre externa, é toda dele quando se manifesta. Mas as regras do jogo, por ele mesmo elaboradas, já não permitem mais tempo, descansos para auto-avaliação. Este é o descanso derradeiro que já se esgota trazendo o tempo da decisão.

Eis o que nos apresenta a *imaginação*, poderosa afecção corpórea que pode se fazer frágil se tomada como manifestação da alma. As imagens mostradas da peleja que se encerra no sujeito são imagens do seu corpo. Ainda que real, é tudo pura imaginação e, como tal, não podem pretender explicação alguma. Contudo, são dessas imagens, *opera corpus*, que nascem os *transcendentais*, termos englobantes e distantes que encerram não só toda imprecisão como todos os conflitos e controvérsias das 'excessivas naturezas humanas'; mas que também, por outro lado, nos trouxeram até aqui enquanto mediaram todos os conhecimentos que julgamos já ter alcançado das coisas. E se é próprio de nossa educação tomarmos imagens por idéias e nos encontrarmos envoltos em tamanha confusão, como abandonarmos, então, uma preocupação nominalista na busca do verdadeiro conhecimento? Como não revermos os termos, os conceitos, antes de qualquer afirmação?

Espinosa, racionalista, não opera tal magia, cumprindo também um momento nominalista. Entretanto, antes de resgatá-lo, retornemos ao estágio anterior, retomemos as imagens do corpo aflito com outras imagens denominadas *tempo*. Encontramo-nos no duelo ainda definitivo, onde os contínuos e multidirecionados movimentos do objeto ameaçam, cada vez mais, a atividade do sujeito. O recurso do sujeito é convencer-se de que o objeto é passivo, embora vivo. O objeto reage às ações do sujeito na forma dos seus múltiplos movimentos, provocando novas imagens no corpo. Isto é, o sujeito movendo-se move o objeto que, uma vez movido, move novamente o sujeito que, por sua vez, moverá o objeto, gerando incessantes movimentos recíprocos que, no caso, têm inquietado o sujeito. O sujeito ativo vivifica o objeto que, por hora, parece imobilizá-lo. Confluências de imagens, o *tempo* é retido como imagem que não pode se desfazer. O *tempo* é condição para o convencimento do sujeito ambicioso: a possibilidade de não ser derrotado é condição da continuidade do impasse. Aqui o sujeito ainda está a salvo; (ainda) não há veredicto.

Mas na confluência de imagens, como assegurar a atividade do sujeito no domínio do objeto? Como não se confundir com a autonomia das imagens? A imagem pressupõe imagens no sujeito que precisa resguardar o objeto. Antes, a própria natureza do objeto o resguarda das imagens. Estas não podem afetá-lo. Só o sujeito é suscetível às imagens. Só o sujeito imagina.

As imagens, então, não são armas contra o objeto? Elas nada significam neste conflito: sujeito-objeto? Significa sim, e muito. As imagens são peças chaves na tática do conflito. As imagens armam o sujeito, embora não desarmem o objeto. As imagens são decisivas numa das batalhas deste conflito: na batalha sujeito-sujeito. Exatamente nesta batalha que testemunhamos agora. Sujeito contra sujeito, imagens contra imagens, confluências que precisam gerar a convergência e evitar a confusão. Esta é a batalha mais difícil para o sujeito, ele precisa vencer a si mesmo nesta preliminar, já certo de que a vitória aqui significa a vitória final. Assim, as imagens fazem-se poderosíssimas no conflito sujeito-objeto. As imagens armam o sujeito para vencer o objeto quando o sujeito delas se desarma, desarmando o objeto.

O objeto torna-se límpido e claro; e o sujeito penetrante. Percebe-se que já não há conflito onde sempre houve comunhão. Já não há sujeito e objeto, há apenas a expressão do intelecto. *Idéias*.

Análise

> Como *Lucrécio*, que pinta a filosofia doando pela poesia leveza à vasta construção teórica, é também filósofo; Espinosa, que ao dominar as imagens purifica a alma, se faz também poeta, como se dissesse: antes do prazer lascivo, o contentamento espiritual.

O *prefácio* que abre o livro III é decisivo no projeto da *Ética*. De importância relativa para o procedimento geométrico que operacionaliza o sistema, torna-se estratégico na argumentação múltipla desta obra de mil interlocutores. Preso à geografia de guerra que perpassa toda a *Ética*, seu lugar é exato e sua tarefa única, *a localização do leitor*.

A *Ética* não só prevê o leitor privilegiado, dono da razão apurada e da erudição 'enciclopédica' capaz de identificar e acompanhar os raciocínios e os argumentos do pensamento elaborado, como também, se dirige àqueles que se encontram curvados pelas tradições religiosas, homens embebidos de preconceitos e superstições que, confusamente, costumam anunciarem-se particulares no conhecimento que julgam ter das coisas. A *Ética*, embora imperativa contra toda ignorância, não despreza o *'leitor vulgar'*[1], recusa apenas qualquer concessão à sua fértil imaginação.

Neste prefácio, ímpar em seu *locus* retórico, Espinosa não permite que o interlocutor desapareça na anterioridade do leitor; não discriminando este, denota identidade àquele. Escreve a todos, precavendo-se sempre da diversidade de alguns.

Interessa a Espinosa, aqui, manter ou reconduzir o leitor ao plano geométrico da *Ética*. Antecipando-se a toda sorte de debilidades que podem envolver o leitor, preocupando-se em dissipar imaginários (enganadores) atalhos oferecidos 'generosamente' pelas tradições, apontando tanto os interesses que os alimentam como os abstratos raciocínios que lhes dão escora. Enquanto o leitor é protegido tendo acesso à gênese das mais variadas doutrinas, o interlocutor, pelo mesmo movimento, é desnudado.

Certamente não podemos tomar o prefácio isoladamente. Parte de um sistema, precisa ser resgatado dentro da comunicação que estabelece, principalmente, com outros escólios e apêndices, tecendo as malhas que abrigam o homem a caminho da beatitude. Aqui o grande adversário a ser combatido é a *superstição* que se apresenta ora na forma de conhecimento revelado, ora na forma de conhecimento engendrado pela 'razão', quando não assume a sua forma mais perigosa – a forma mista – onde a revelação dá assentimento à 'razão' e a ' razão' consente o conhecimento revelado.

A aparente simplicidade e brevidade do prefácio escondem, do leitor incauto, a rigorosa elaboração do raciocínio argumentativo que sabe escolher e impor aos adversários da doutrina o lugar adequado para a polêmica. Vejamos, contudo, como opera tal prefácio, através de alguns 'possíveis' recortes.

> A maior parte daqueles que escreveram sobre os afetos e a maneira de viver dos homens parecem ter tratado, não de coisas naturais que seguem às leis comuns da Natureza, mas de coisas que estão fora da Natureza. Mais inda, parecem conceber o homem na Natureza como um império num império.

Espinosa se refere aqui a outras Éticas que, na sua grande maioria, escapam em sua elaboração para os limites da *falsa religião*[2] dos teólogos que especulam a

---

1 É importante notar que a expressão *leitor vulgar*, como 'categoria', não tem lugar na obra espinosana. Contudo, seguramente o leitor vulgar é uma singularidade sempre presente no pensamento de Espinosa, preocupado, inclusive, em fazer com que este desapareça (deixe de existir) ao longo do itinerário intelectual que a *Ética* abriga e obriga. Este itinerário ira transformá-lo, no mínimo, num *leitor atento*. Vide *Ética* II, prop. 3, escólio.

2 *Falsa religião* no sentido em que não possuem uma idéia verdadeira (adequada) de Deus; o que faz, geralmente, com que seus artífices (teólogos) desejem e tomem atitudes contrárias à *imagem* que possuem de Deus. Espinosa se refere à *religião* como sendo "tudo o que desejamos e fazemos, de que somos causa, enquanto temos a idéia de Deus" ou conhecemos a Deus. *Ética* IV, prop. 37, escólio I.

respeito do sobrenatural; isto é, Éticas que propugnam inúmeras naturezas, inclusive uma natureza só para o homem que, senão independente, também não integralmente filiada à organização de toda Natureza. Éticas que prescrevem leis particulares para o homem, fazendo deste um império no império da Natureza. Leis 'sobrenaturais' enquanto leis de uma outra ordem que se sobrepõem à própria ordem natural.

Há uma referência calada ao estoicismo, particularmente ao chamado *estoicismo novo*[3] marcado, principalmente, por seu caráter moral e religioso. Esta referência é importante para que o leitor não procure filiar a *Ética* espinosana a esta tradição histórica, pois embora tenham em comum o mesmo ponto de partida, isto é, a tendência natural do ser para realizar sua essência, não há lugar na *Ética* espinosana para o *voluntarismo*[4] da tradição estóica. Espinosa, na verdade, recusa a vontade estóica, cujo exercício extremado, acreditavam eles, poderia levar o homem a superar a própria Natureza, fazendo do homem um império num império.

Espinosa quer fundar uma *Ética*, com o testemunho do leitor, que responda integralmente às exigências da razão. Dentro disto e preocupado com que o leitor não escape do curso da razão, Espinosa lhe oferece os limites de outras tantas Éticas que tomaram um caminho diferente daquele seguido pela sua.

Voltemos ao texto do prefácio para acompanharmos as conseqüências de tal direcionamento.

> Julgam, com efeito, que o homem perturba a ordem da Natureza mais que a segue, que ele tem sobre os seus atos um poder absoluto e apenas tira de si mesmo a sua determinação. Procuram, portanto, a causa da impotência e da inconstância humana, não na potência comum da Natureza, mas não sei em que vício da natureza humana e, por essa razão, lamentam-na, riem-se dela, desprezam-na ou, como acontece mais freqüentemente, detestam-na; e aquele que mais eloqüentemente ou mais sutilmente souber censurar a impotência da alma humana é tido por divino.

Este trecho nos remete, imediatamente, ao apêndice do livro I da *Ética*, onde Espinosa critica e recusa a *causalidade final*[5] denunciando-a como fonte de todo preconceito e produto da imaginação humana[6]. A comunicação com este apêndice

---

3 MORA, José Ferrater. *Dicionario de Filosofia*. Aliaza Editorial, Madrid, 1981, 3ª edición, p.1036.
4 *Ética* II, prop. 48, escólio; *Ética* II, prop. 49, escólio.
5 *Ética* I, apêndice – Aqui Espinosa divide sua refutação da causalidade final em três momentos: primeiramente examina porque tanta gente dá aquiescência a tal preconceito; a seguir mostra a falsidade deste preconceito e, finalmente, mostra (demonstra) como deste preconceito nasceram tantos outros.
6 Ainda dentro do assunto deste comentário, abrimos um parêntese para discordar da interpretação de que os apêndices, juntamente com os escólios e os prefácios colocados por Espinosa no corpo da *Ética*, são provas cabais da insuficiência do *more geométrico* para a exposição do pensamento filosófico. Cabe lembrar que como Espinosa não privilegia seus leitores, embora não deixe de selecionar seus interlocutores, o apêndice do livro I da *Ética*, no caso,

permite que a concisão na elaboração do argumento não sacrifique a engenhosidade e a penetração do raciocínio que, num único movimento, defende-se das leituras maliciosas e avança sobre regiões novas à razão arrebatadora. O leitor em nenhum instante é poupado. Testemunha do conflito, vê-se na iminência de ter que se posicionar. Um lugar precisa ser-lhe encontrado.

No entanto, o terreno está minado. Os passos são estudados para que o leitor seja mantido numa distância exata. Espinosa não lhe pode falar ao ouvido. Todos os sentidos devem ser erradicados. A razão é o único guia; é preciso, então, falar-lhe ao intelecto, à mente. A linguagem deve permitir que o leitor identifique os adversários da razão. A linguagem precisa exprimir um raciocínio que seja lógico e pontual. Vejamos como ela é elaborada.

Diz-nos Espinosa: se os homens mais contrariam do que respeitam as leis da Natureza e tiram de si mesmos a determinação dos seus atos, isto significa dizer que a *Natureza Humana* é autônoma[7] em relação à Natureza das coisas; com efeito, a causa da impotência e da inconstância humana só podem ser procuradas na própria *Natureza Humana* que passa, com isto, a ser *lamentada*, *desprezada* e mesmo *detestada*. E aqueles que se aproveitam da impotência, por eles mesmos caracterizada, da alma humana, podem dirigi-las, censurando-as, com o estatuto de divino, enquanto não participam, pressupõe-se, das fraquezas humanas.

É importante, principalmente nesta passagem, que o texto seja tomado no original. Isto porque as palavras latinas *fleo* (lamentar) e *contemno* (desprezar) significando ainda, respectivamente, *deplorar* e *menosprezar*, alargam o campo da significação permitindo uma melhor compreensão de seu uso (ou da utilização que recebeu em Espinosa). Somadas, na mesma seqüência, à palavra *detestor* (detestar) que em sua acepção original é um termo da língua religiosa que significa *repelir o testemundo de*, ou ainda, *amaldiçoar, rogar pragas*; torna fácil ao leitor tanto identificar o adversário aqui presente, o teólogo, que deixa de ser oculto, como também pensar a genealogia das teologias (falsas religiões) como instituições desde sempre escoradas no 'frágil'[8] preconceito primordial do *livre arbítrio*.

---

endereça-se objetivamente a supressão do preconceito largamente disseminado da *causalidade final*. Que, há muito cristalizado no espírito dos homens, marca profundamente toda concepção que possam ter de Deus, de Natureza, de Mundo; o que dificulta, certamente, o acompanhamento unicamente pela razão do sistema que procede geometricamente. E como Espinosa busca uma idéia exata do que seja o homem, ele não pode mitificar (nenhum de) seus leitores; antes precisa aparelhar (preparar) seu sistema (*Ética*) para toda sorte de interpretações. Além disso, como coloca Gilles Deleuze (*Spinoza et le Problème de L'expression*) os escólios, apêndices e prefácios da *Ética* são partes integrantes do procedimento geométrico, funcionando como intervalos, pausas de concessão ao leitor, onde o autor permite instantâneos da elaboração conceitual. Isto é, soam como momentos em que Espinosa possibilita o *caso*; momentos não só legítimos como previstos pelo procedimento geométrico, como o *momento dos exemplos*, presente na *geometria euclidiana*. Assim, apêndices, prefácios e escólios não são provas da insuficiência do more geométrico em Espinosa; ao contrário, tais momentos expressam, antes, a compreensão da real dificuldade que os homens têm em se conduzir unicamente pela razão. Daí a necessidade de tais momentos.

7   Em S. Tomás de Aquino a ordem natural tem uma autonomia, mas não uma independência em relação à ordem sobrenatural, à qual está subordinada. A referência, portanto, é direta.

8   Se o leitor que se encontra no prefácio do livro III foi antes um leitor atento do apêndice do livro I e do escólio da proposição 35 do livro II, o preconceito primordial do livre arbítrio pode agora ser chamado 'frágil', pois naqueles

A argumentação é precisa. Trabalhando com demonstrações *a priori*, o que lhe permite um tom sempre afirmativo, Espinosa repele o *cético* e o *devoto*, livrando o leitor das perturbações destes fantasmas, ameaças sempre presentes, não a espíritos simpáticos, como sempre se acreditou, mas a corpos similares. Embora positivo, não é exatamente o prefácio do livro III que opera aprioristicamente, mas sim os escólios e os apêndices com os quais se comunica.

Remetendo o leitor novamente a estes momentos, pode Espinosa situá-lo também no plano demonstrativo da geometria, onde o conhecimento, indo das causas aos efeitos, é puramente racional (porque dedutivo), uma vez que não é simplesmente derivado dos sentidos ou da experiência. Assim Espinosa desloca-se com o leitor para um plano que antes de ser metafísico é geométrico, retirando todas as chances de que o leitor se embebede nas controvérsias supersticiosas do *devoto*, ou mesmo nas controvérsias ardilosas tão ao gosto do *cético*. Livre das influências do 'sobrenatural', o leitor recomposto já pode situar-se definitivamente num campo onde a razão se pretende soberana.

Antes é preciso, entretanto, assegurar que o leitor possa identificar as superstições em suas diferentes matrizes, e de sua ameaça precaver-se. Espinosa entende que é preciso avançar, voltando-se para outros interlocutores; o que faz num movimento que permitirá também ao leitor entender que, diante de tais adversidades, a razão quando plena defende-se a si mesma.

Tomemos o próximo fragmento.

> É certo que não têm faltado homens eminentes (ao trabalho e ao talento dos quais confessamos dever muito) para escrever muitas coisas belas sobre a reta conduta da vida e dar aos mortais conselhos cheios de prudência. Mas ninguém, que eu saiba, determinou a natureza e as forças das afecções e, inversamente, o que pode a alma para as orientar.

O reconhecimento em todos os momentos possíveis àqueles que muito lhe inspiraram também leva Espinosa a acusar aqui o bom encontro destas leituras, como a reservar, por exemplo, em muitas passagens do sistema um lugar a belos versos de *Lucrécio*. Espinosa não dá outro tratamento às *Éticas Helenísticas* e *Latinas* que tanto alimentaram seu gênio e estão aqui referidas. O leitor de Espinosa dos bons encontros não será poupado e destas leituras, direta ou indiretamente, desfrutará.

Contudo, Espinosa não pode correr o risco de ver seu pensamento tomado precocemente como representante desta ou daquela tradição filosófica e, muito menos, de uma nova seita. Qualquer identificação prematura de seu pensamento

---

momentos (intervalos) Espinosa refutou-o devidamente, demonstrando sua verdadeira causa.

com um outro qualquer expressaria fronteiras perigosas que não cabem no projeto da *Ética*. Preocupado sempre com os riscos introduzidos pela má leitura, importa a Espinosa estabelecer os *limites* entre as *Éticas Helenísticas* e a sua própria *Ética*, permitindo que o leitor perceba não só o quanto estas leituras fortalecem o seu pensamento, como também encontre o ponto exato onde se dá a *reinversão*[9] destas doutrinas, reatadas agora com a adequação de suas idéias.

Ainda dentro da concisão e da positividade de seus argumentos, Espinosa procura não alimentar (possíveis) polêmicas inúteis, oferecendo logo ao leitor o verdadeiro limite de todas as Éticas já escritas – "Mas ninguém, que saiba, determinou a natureza e a força das afecções e, inversamente, o que pode a alma para as orientar".

Esta frase também procura evitar que a confusão de idéias envolva pensamentos alheios, o que abriria brechas para que noções de outros sistemas prejudicassem a interpretação correta do seu. Imediatamente a ela segue uma referência aberta a *Descartes*, afirmando taxativamente que este pensador, embora celebradíssimo, não obtém êxitos no que se propõe realizar: determinar a Natureza e a força das afecções e de como a alma pode governá-las. Espinosa, com isto, simplesmente afirma que nem mesmo *Descartes* com sua 'razão apuradíssima' avançou em relação às *Éticas Helenísticas*, no que diz respeito a seus verdadeiros limites.

O leitor, com isto, pode então se dar conta do tamanho da lacuna que o sistema espinosano procura preencher; não se enganando, por conseqüência, em relação ao tamanho das adversidades que o sistema irá despertar.

---

9 Chamamos *reinversão espinosana* um *modus operandi* encontrado, precariamente ainda, na filosofia de Espinosa; precisamente quando a filosofia espinosana faz uma incursão pelas tradições filosóficas que lhe interessa interpretar. A *reinversão espinosana* surge sempre no sentido de aprimorar, de aprofundar as doutrinas com as quais se depara, operando-as de tal forma que se façam coerentes consigo mesmas e não contradigam a razão, isto é, tornando-as *adequadas* no conjunto de suas próprias idéias. É como se a leitura de Espinosa sujeitasse cada uma destas filosofias a um longo e rigoroso teste, reservando a si mesmo, ainda, o direito de intervir sob a forma de *uma (re)orientação*. São amplas as exigências que sua leitura faz a cada filosofia: inicialmente cobra uma proficiência lógica; a seguir verifica sua coerência em relação ao método que anuncia ou diz respeitar; depois exige que os postulados metafísicos que devem sustentar a doutrina sejam demonstrados; e finalmente, não permite que a doutrina se omita quanto às suas causas e os efeitos que advirão. Assim, depois de fazer com que cada filosofia satisfaça todas estas exigências, Espinosa muitas vezes acaba por reinvertê-la, isto é, por reconduzi-la à condição original, àquele estado que lhe é inato (próprio), que não implica em sua própria negação. Com isto, Espinosa não pode distorcê-las: ao contrário, sua interpretação visa justamente assegurar que tal filosofia não seja deformada no todo e nem *inversamente* tomada em suas partes, preocupando-se, antes, em esclarecer como se definem, efetivamente, sua doutrina, seus pressupostos, seu encadeamento lógico, suas assertivas e, com efeito, suas conseqüências. Como o próprio nome indica, a *reinversão* seria a recondução destas filosofias ao seu próprio estado original. Assim, entre outras, Espinosa reinverte as filosofias de Platão, Aristóteles, Epicuro, Maimônides, Tomás de Aquino, Maquiavel, Bruno, Galileu, Hobbes, Descartes, sempre no exato momento em que estas filosofias com a sua se relacionam; sempre que, para a clareza e distinção de sua própria filosofia, se faz necessária a interpretação de tais pensamentos. Interessa destacar que a *reinversão* acionada por Espinosa é um *modus operandi* de sua filosofia, uma forma de interpretar outras filosofias, decisiva para sua própria doutrina; um modo de organizar os encontros de seu pensamento com (os pensamentos) expoentes de outras tradições, um instrumento sem o qual sua própria filosofia ficaria desprotegida e correria o risco de perder a identidade diante da leitura defeituosa e/ou, principalmente, da leitura preconceituosa. Dentro disto, a função primordial da *reinversão espinosana* seria evitar que seu próprio pensamento seja indevidamente filiado ou associado a determinadas tradições filosóficas. Entretanto, de todas estas tradições, a única da qual Espinosa se fez, efetivamente, um comentador foi a de Descartes (em *Princípios da Filosofia Cartesiana*).

Avisados, retomemos o texto do prefácio.

> Sei, na verdade, que o celebérrimo Descartes, embora acreditasse que a alma tinha, sobre as suas ações, um poder absoluto, tentou, todavia, explicar as afecções humanas pelas suas causas primeiras e demonstrar, ao mesmo tempo, o caminho pelo qual a alma pode adquirir um império absoluto sobre as afecções. Mas, na minha opinião, ele nada demonstrou, a não ser a penetração do seu grande espírito, como o mostrarei no momento próprio.

A referência a *Descartes* é expressa. Espinosa deixa claro que recusa a '*psicologia*' cartesiana, principalmente naquilo que se refere diretamente a sua pretensa determinação da Natureza e da força das afecções, e de sua sujeição à alma humana. Espinosa é pontual, com poucas palavras revela as fraquezas da '*psicologia*' cartesiana que não atende às exigências do próprio método. Afirmando que não houve demonstração, Espinosa mostra ao leitor que Descartes nega na sua '*psicologia*' a primeira exigência do seu próprio método, recorrendo na sua elaboração mais à descrição do que exatamente à dedução racional[10]. Assim, Espinosa faz com que o leitor avance não só consciente de seus passos, mas (também) numa direção que possibilite o encontro do leitor com os propósitos de sua *Ética* e que favoreça a compreensão de que se trata de uma filosofia distinta. Deste modo, ao utilizar, imediatamente a seguir, a expressão cartesiana 'penetração do espírito', Espinosa diz tacitamente que na sua '*psicologia*' Descartes só responde àquilo que, segundo ele mesmo, menos importa à verdade – a *penetração espiritual* – não assegurando o que lhe parece (a *Descartes*) ser mais importante, o adequado uso do método[11].

Certamente não é este o momento para Espinosa acirrar as contradições do sistema cartesiano; é, antes, um intervalo que se abre para que o leitor possa se localizar dentro de um sistema onde a lógica não sucumbe às exigências da doutrina. Mas a distinção do pensamento espinosano em relação ao pensamento cartesiano precisa ser marcada definitivamente. Referindo-se às contradições de *Descartes*, Espinosa faz com que o leitor perceba que sua posição lógica é, até certo ponto, uma correção à lógica cartesiana. Antes disto, importa a Espinosa que o leitor tenha clareza quanto à especificidade de sua doutrina; que o leitor descubra que no seu sistema a lógica e a metafísica não são sacrificadas em favor da doutrina e nem perecem das aparentes fraquezas que debilitam a doutrina cartesiana.

---

10 Espinosa parece dizer que o próprio *Descartes* nega aqui a primeira exigência (condição) do método por ele mesmo elaborado (ou proposto), isto é, não admitir como verdadeira coisa alguma que não seja evidente.
11 Sem a preocupação de estabelecer os principais pontos de ruptura entre Descartes e Espinosa, tarefa exaustiva que tem exigido a atenção de muitos comentadores (estudiosos), torna-se oportuno assinalar aqui que a crítica espinosana à psicologia cartesiana serve de base à sua psicologia dos estados afetivos, que será desenvolvida justamente neste livro III da *Ética* (quando aciona as conclusões morais da obra). Vide MOREAU, Joseph. *Espinosa e o Espinosismo*. Edições 70, Lisboa, 1982, p.45.

Dessa forma, assinalando já os limites do cartesianismo, Espinosa sustenta sua não filiação a este pensamento, fazendo ver ao leitor que seu sistema, protegido por uma teoria das idéias que recusa o regresso ao infinito, se encontra livre do *ceticismo* que ameaça a filosofia de *Descartes*. Um ceticismo que, mesmo 'racionalista', revela-se sempre fonte de superstições.

Com isto, convence-se o leitor que a superstição[12], ainda que fruto da brutalidade e da ignorância, opera sempre oculta na sutileza da alegoria retórica uma odienta adversidade à razão empreendedora.

Voltemos ao texto de Espinosa.

> De momento, quero voltar àqueles que preferem detestar ou ridicularizar as afecções e as ações dos homens a conhecê-las. A esses, sem dúvida, parecerá estranho que eu me proponha a tratar dos vícios dos homens e das suas inépcias à maneira dos geômetras e que queira demonstrar por um raciocínio rigoroso o que eles não cessam de proclamar contrário à Razão, vão, absurdo e digno de horror.

O emprego, novamente, do termo *detestari* já indica que Espinosa volta a se dirigir diretamente aos teólogos, que são para sua filosofia mais do que meros adversários: são inimigos que fazem sua hostilidade acompanhar-se do ódio que a motivou. E para estes, a quem é mais fácil e interessante ridicularizar os homens do que conhecê-los, sem dúvida o propósito de Espinosa parecerá absurdo, uma vez que para os seus conhecimentos as afecções são desvirtuamentos da obra divina e, portanto, não podem ser tratadas à maneira dos geômetras por não reservarem lugar à razão.

Antes, contudo, de passarmos ao último excerto do prefácio, no qual Espinosa nos oferece um prelúdio do que nos reserva o livro III da *Ética*, é importante assinalar que ainda dentro desta última referência aos teólogos, Espinosa encerra o que poderíamos chamar de *topografia de uma leitura*. Neste movimento Espinosa conclui (aqui no prefácio) uma série de indicações distribuídas estrategicamente no texto. Tal sinalização do texto visa, essencialmente, pautar a leitura, demarcando as fronteiras, as influências e as especificidades do mesmo. Estas indicações, ao articularem-se, vão mapeando o terreno da leitura, sinalizando para desvios e percalços que poderiam, num tropeço ou noutro, assaltar o leitor com imagens que não pertencem ao corpo da *Ética*, lançando-o numa progressiva confusão de relações que culminaria na associação da *Ética* a outras doutrinas e tradições que lhe são estranhas. O leitor, contudo, que (assim) é poupado de fatigantes desvios encontra-se na (e com a) liberdade de leitura[13].

---

12 *Superstitio* em oposição a *religio* (conforme nota 2)

13 A *topografia de uma leitura*, a grosso modo, se comporia de uma série de indicações específicas que se articulariam com a finalidade de demarcar o texto do prefácio, mapeando todo o terreno da leitura. De certa forma presente em todos os sistemas filosóficos, a *topografia da leitura* em Espinosa mereceria destaque (essencialmente) pela precisão que alcança na defesa do texto (no que se refere, lógico, à leitura desprovida de preconceitos). A sinalização imprimida no texto por Espinosa teria o propósito, basicamente, de proteger o texto e o leitor de uma leitura defeituosa que,

Assim, com a *topografia de leitura*, o conflito que perpassa a *Ética* se evidencia para o leitor; aliados, adversários e inimigos da doutrina são dispostos lado-a-lado e se revelam como interlocutores. Aqui nem mesmo a argumentação contrária de que uns são levados indevidamente à condição de especializados interlocutores (aliados, adversários, inimigos) procede, pois Espinosa não os nomeia, fazendo, antes, que assim se revelem.

O leitor, com isto, se convence de que o puro uso da Razão é o único argumento de que se serve Espinosa no embate a seus múltiplos interlocutores. Então, mesmo aqui nestes intervalos do *more geométrico*, nestes momentos de concessão ao leitor, a razão é o argumento comum, não havendo apelo a nada que fora dela se coloque. Portanto, tendo a razão como único guia, o leitor na sua leitura já não pode se desorientar.

Passemos, finalmente, a última parte do prefácio, aquela onde Espinosa oferece um prelúdio do livro III da *Ética*.

> Mas eis como eu raciocino. Nada acontece na Natureza que possa ser atribuído a um vício desta; a Natureza, com efeito, é sempre a mesma; a sua virtude e a sua potência de agir são unas e por toda a parte as mesmas, isto é, as leis e as regras da Natureza, segundo as quais tudo acontece e passa de uma forma a outra, são sempre e por toda a parte as mesmas; por conseqüência, a via reta para conhecer a natureza das coisas, quaisquer que elas sejam, deve ser também uma e a mesma, isto é, sempre por meio das leis e das regras universais da Natureza. Portanto, as afecções de ódio, e cólera, de inveja, etc., consideradas em si mesmas, resultam da mesma necessidade e da mesma força da Natureza que as outras coisas singulares; por conseguinte, elas têm causas determinadas, pelas quais são claramente conhecidas, e têm propriedades determinadas tão dignas do nosso conhecimento como as propriedades de todas as outras coisas cuja mera contemplação nos dá prazer. Tratarei, portanto, da natureza e da força das afecções, e do poder da alma sobre elas, com o mesmo método com que nas partes precedentes tratei de Deus e da alma, e considerarei as ações e os apetites humanos como se tratasse de linhas, de superfícies ou de volumes.

Na conclusão do prefácio, Espinosa não se limita a prenunciar ao leitor o que ele irá encontrar no livro III. Espinosa vai além. A breve apresentação de seu procedimento geométrico cumpre uma função retórica extraordinária, indo além, inclusive, da simples persuasão do leitor. Este, antes de acordar com o autor, é obrigado a encontrar-se com sua própria razão. A matemática que comumente inclusive, pode mesmo se fazer inócua, e ainda perigosa, ao levar o texto, e com ele o autor e o leitor, por um caminho que o desautoriza. É importante destacar que a obediência às exigências da razão é condição *sine qua non* para ingressar e manter-se no sistema espinosano. O homem que se guia pela razão é livre para obedecer; o seu pensamento pode se *autodeterminar* adquirindo aptidão para o múltiplo simultâneo e, conseqüentemente, *liberdade de leitura*.

convence pela amplitude, impossibilitando a dúvida, faz do leitor da *Ética* um 'cúmplice' na demonstração do sistema. Como argumento, diante de um objeto que não a transcende, a matemática é irrecusável porque é concisa, objetiva, clara e distinta. A matemática é precisa, evita controvérsias e dificulta que as paixões se anteponham ao correto uso da razão. Dentro disto não constitui nenhum exagero afirmar que a *Ética*, enquanto procedimento geométrico, alcança, de certa forma, a eloqüência da linguagem matemática.

A *Ética* dota-se de um mecanismo de defesa extremamente elaborado. O próprio *more geométrico*, no ritmo acelerado das deduções que remete o leitor de uma proposição a outra, estabelece uma 'configuração monolítica' de encaixe perfeito entre as peças que, diante do acordo pleno entre elas e o desenho que se constrói, impossibilita qualquer distorção da leitura.

O leitor, em contrapartida, diante de 'tamanha' arquitetura tende a recuar deixando incompleta a leitura, quando não passa a fantasiar a própria dificuldade com imagens que o arrastam de um lado a outro sem possibilitar, contudo, que a brecha que julga existir no sistema se revele. Assim o leitor, se ainda ignorante de que a senha para ingressar no sistema é unicamente sua própria razão, conforme anunciado pelo próprio Espinosa logo na abertura do TRI, acaba aceitando auxílio externo, outro que não seu próprio poder de discernimento. A esta altura a leitura muda de natureza, os preconceitos (adquiridos) são guias que nublam completamente a capacidade de interlocução e as fantasias começam a reinar absolutas. O pensamento, então, que se manifesta para compreender e ser compreendido, passa a ser acusado, denunciado como apócrifo, combatido como portador de malefícios e sujeito de heresias, sendo arrastado para um campo onde a condenação é certa.

A *Ética*, entretanto, que tem uma idéia exata do 'novo' que traz e das ameaças que representa, recusando-se a especular sobre a pretensa natureza humana, se precavem ante as leituras que a anunciam distorcida. Os escólios, apêndices e prefácios tecem uma linguagem que a aproxima do leitor. Aqui a *Ética* arma-se de outros argumentos que tornam a polêmica aberta. No entanto, a positividade da linguagem aqui tecida faz dos próprios argumentos uma trincheira de ataque e não de resistência às reações do leitor. Nestes momentos os prejuízos são revelados e as superstições desmascaradas, assim como são apontadas as formas de vida que em meio a estes se degeneram.

Dessa forma, os escólios, prefácios e apêndices são momentos que conjugam um reinado retórico num terreno geometrizado, o que possibilita que o leitor seja devidamente localizado.

Já não há 'leitor incauto', este se fez prudente; o 'leitor vulgar' pôde se esclarecer. Já não há mais adjetivação, resta apenas o leitor: este que se guia pela razão e que agora é cúmplice, co-autor de uma obra verdadeiramente universal, a *Ética Espinosana*.

Referências Bibliográficas

BALIBAR, Étienne. *Spinoza et La politique*. Paris: Presses Universitaires de France, 1985.

BENNETT, Jonathan. *Un estudio de La Ética de Spinoza*. México: Fondo de Cultura Económica, 1990.

CHAUÍ, Marilena. *Nervuras do Real – Imanência e Liberdade em Espinosa*. São Paulo: Companhia das Letras, 1999.

DELEUZE, Gilles. *Spinoza: filosofia practica*. Barcelona: Tusquets Editores, 1984.

ESPINOZA, Baruch de. *Ética*. Coleção Os Pensadores, São Paulo: Abril Cultura, 1983.

_____. *Spinoza: correspondências*. Madrid: Alianza Editorial, 1988.

HUBBELING, H. G. *Spinoza*. Barcelona: Herber, 1981.

WIENPAHL, Paul. *Por un Spinoza radical*. México: Fondo de Cultura Económica, 1979.

A literatura em Otto Lara Resende

Juarez Donizete Ambires
Este artigo é dedicado à Profa. Dra. Luzia Ribeiro Machado Noronha.

*A importância desse livro será ainda maior
do que se possa presumir no momento.[1] ...*

Boca do inferno é o segundo livro da produção de Otto Lara Resende e foi publicado em 1957, pela José Olympio Editora, estando, por isto, há cinqüenta anos de seu lançamento.

João Cabral de Mello Neto e Hélio Pellegrino, à ocasião muito próximos do autor devido ao trabalho jornalístico, teriam parcela de responsabilidade na edição. O depoimento de Otto[2] fala em rogo e incentivo dos amigos que, ouvidos e acatados, muito ajudaram na dose necessária de coragem para o lançamento.

As sete histórias de *Boca do inferno* – "Filho de padre", "Dois irmãos", "O porão", "Namorado morto", "Três pares de patins", "O segredo" e "O moinho" – entretanto, sempre falarão por si mesmas. Como eficazes representações do conto, em suas argumentação e estrutura, já traziam a plena justificativa para a edição e forma impressa, naquele quase final de anos 50.

A publicação com a qual se trabalhou, contudo, para a fatura deste artigo é a de 1994, produzida pela Companhia das Letras, editora que se empenhou em resgatar a obra do autor após a sua morte.

A experiência concreta e total do mesmo resgate foi a publicação de uma parte da obra que ainda não conhecera o formato de livro, como também a republicação dos contos de 1957 e do romance de 1963[3].

A reedição dos contos que se menciona não é literalmente, no entanto, a primeira publicação. O próprio título já o revela. Na reedição de 1994, a ele vem acrescido um determinante – o artigo feminino –, fato que permitirá, segundo os informes que apuramos, a distinção entre o livro de contos de Otto e o romance homônimo de Ana Miranda, também constante do catálogo de publicações da Companhia[4]. O título original, no entanto, foi o conservado neste trabalho.

Ainda quanto a fato pertencente ao histórico da segunda edição (e que obviamente ajuda a distingui-la da primeira) tem-se a dizer que a editora[5] acatou as alterações que o escritor, em data que não conseguimos precisar, efetuou em *Boca do inferno*.

As alterações, às quais aludimos, ocorrem somente no texto e, curiosamente, se efetuaram apenas em seus primeiro e quinto contos, como se pode perceber em

---

1 Raymundo Souza Dantas, a propósito do lançamento de *Boca do inferno*, no *Diário de Notícias* (R.J.), em 24 de março de 1957.
2 P/ cf. busque-se: MEDEIROS, Benício. *Otto Lara Resende* (Série "Perfis do Rio"). Rio de Janeiro: Relume Dumará, 1998. p.70.
3 *O braço direito*.
4 Os informes a que se alude são os a nós oferecidos por Humberto Werneck, em conversa ocorrida no Instituto Moreira Salles, em fevereiro de 2006.
5 A organização do volume junto à Companhia das Letras esteve a cargo de Humberto Werneck.

exemplar de trabalho (obviamente da edição de 1957) que se tornou o manuscrito, onde ocorreu a refusão dos textos.

O precioso exemplar, por sua vez, pertence ao acervo da biblioteca de Otto que passou, após o seu falecimento, à salvaguarda do Instituto Moreira Salles, também o depositário do arquivo de recortes do escritor, por ele montado em vida.

Ao mesmo arquivo o autor, então, recolheu a sua produção jornalística e o conjunto, por conseguinte, acabou também coligindo os textos que *Boca do inferno* recebeu da crítica, assunto para um outro artigo.

Já quanto às modificações feitas, tem-se primeiramente a dizer que, alterando sua escrita em texto já editado ou fundindo letra manuscrita à impressa, por mais este aspecto Otto filiou-se a uma tradição.

No procedimento, quando pouco, nos remete a Machado de Assis, a Eça de Queirós e outros que estão entre os primeiros de nossa citação e o autor de nosso interesse em suas práticas e idiossincrasias.

Conhecido que é, no entanto, o gosto de Otto pela reescrita constante de seus textos[6], pode-se dizer das alterações de *Boca do inferno* que elas fogem, em quantidade, ao padrão de procedimento do Otto assíduo revisitador de seus escritos.

Das mesmas alterações, na moderada porção de sua quantidade, talvez se pudesse afirmar, pensamos, que fossem, em hipótese, um pouco da expressão dos ressentimentos do autor com o espírito infenso da crítica que, em 1957, recepcionara seu livro.

Com a repercussão de *Boca do inferno*, as dificuldades surgiram para Otto, conforme seu próprio depoimento[7], após a suspeita quase generalizada a que livro e escritor foram submetidos, devido ao conteúdo (nefasto para muitos) das histórias.

Àquela altura, representantes de nossa crítica literária e outros segmentos de leitores mostraram-se, a nosso ver, indevidamente pouco receptivos à obra; foram pouco sensíveis à percepção, ao entendimento do livro substancial que se fazia editar naqueles inícios de 1957[8].

---

6 Benício Medeiros, biógrafo de Otto, dá-nos conta desta peculiaridade do escritor. Ele chega a dizer que Otto Lara Resende é um "perfeccionista", atormentado por "uma aflição flaubertiana". Ainda recuperando o que o próprio escritor atestava de si, lembra que Otto dizia que *O braço direito* deveria chamar-se, quase trinta anos depois de sua primeira publicação, *O braço esquerdo*, tanto o seu autor o reescrevera. P/ cf. busque-se: MEDEIROS, Benício. *Otto Lara Resende* (Série "Perfis do Rio"). Rio de Janeiro: Relume Dumará, 1998, p.16.
7 O depoimento a que se faz menção encontra-se em livro organizado por Tatiana Longo. P/ cf. busque-se: SANTOS, Tatiana Longo dos (org.). *Três ottos por Otto Lara Resende*. São Paulo: Instituto Moreira Salles, 2002, p.55.
8 Dois outros preciosos livros, lançados em 1957, são *Marcoré*, de Antônio Olavo Pereira, e *Solidão solitude*, de Autran Dourado, obras que também trazem instigantes imagens da infância e da adolescência.

As circunstâncias explicitadas, entretanto, não nos inibem quanto a dizer que, em nossa avaliação, o primeiro e o quinto contos da edição de 1994 (os mesmos da edição de 1957, isto é, "Filho de padre" e "Três pares de patins") são escritos bem mais apurados na forma, no poder de expressão que os supostos mesmos escritos da década de 50.

No processo das alterações, percebe-se que o intuito foi a redução de palavras[9], na busca do mais verdadeiramente essencial.

Noutros termos, a máxima implícita estaria sendo, em nossa leitura, o dizer-se mais, só que em forma condensada.

A intenção, em sua virtude, revela também o escritor no encalço de um estilo que está sempre se fazendo e que suspeita de si mesmo, mas eficazmente se concretiza. "Filho de padre" e "Três pares de patins" tornam-se exemplos desta culminância. Ousamos afirmar que as outras cinco histórias – as não alteradas em sua escrita – já o eram.

A forma em Otto, então, acontece com precisão e, por intermédio dela, com certeza se pode divulgar que o seu autor é um estilista da língua. Sem a mínima sombra do antigo e parnasiano culto à forma, a escrita de Lara Resende, em suas atitudes e resultados, alega e comprova que o bom feitio é necessário. As histórias de *Boca do inferno* com sucesso sustentam o afirmado.

Dos sete contos ainda emana a idéia de que forma e sobriedade são posições que querem se confundir, que há na referida forma o desejo de expressão e elegância, sem obviamente qualquer indisposição que o termo possa suscitar.

Em nossa leitura, a expressividade do *Boca do inferno* editado pela Companhia das Letras também se apresenta aumentada, graças às ilustrações que contém. Apesar de poucas, e se fazendo constantes pela repetição, elas portam um conteúdo que, de algum modo, interage com os sentidos dos contos.

Nesta preleção sobre o livro, contudo, nosso texto pretere, em sua primeira instância, análise mais detida dos, acreditamos, significativos aspectos gráficos da edição. Ele busca fixar-se apenas no texto de Otto que é, pensamos, o material mais importante.

Induzidos, assim, pelas sugestões da escrita dos contos, prosseguimos, afirmando que, indubitavelmente, o livro é um todo de expressivo valor literário e (por que não o dizer) social. Nas histórias, forma, modo de expor e conteúdo se conjugam em imagens de impacto e tragicidade que fazem pensar.

---

9 Autran Dourado, afirmando suas impressões, chega a dizer que, da parte de alguns escritores, o hábito de reescrever (reescrita enquanto constante retoque, o que implica em alguns casos, a intensa retirada de palavras) transformou-se em obsessão, em martírio, e que Otto é um desses martirizados, conduzido que sempre foi pela "férrea disciplina mineira", que tem no crítico Eduardo Frieiro (*A ilusão literária*), para exemplo, um de seus fortes incentivadores. Autran também menciona a ligação entre Otto e Dalton Trevisan e o papel de crítico que o primeiro exerceu sobre a escrita do segundo, que pedia ao mineiro fosse "cruel" com sua escrita (a dele, Dalton), no processo de apreciação, anterior ao aparecimento em livro. P/ cf. busque-se: DOURADO, Autran. *Uma poética do romance. Matéria de carpintaria.* Rio de Janeiro: Editora Rocco, 2000, pp.84-87.

Também sustentam o livro, em nossa opinião, no patamar de obra que se perpetua para as novas e futuras gerações de leitores em Língua Portuguesa.

Do universo em evidência, os teores seriam, então, aqueles do mergulho na dor e no profundo desconforto (situação já minimamente anunciada), curiosamente em meio a uma ambiência interiorana, de bucolismo duvidoso, já que, em verdade, espaço de sofrimento.

No texto introdutório (infelizmente não assinado) à edição de *Boca do inferno*, de 1957, afirma-se que a "ambiência" a que nos referimos pertenceria a "uma pequena cidade imaginária do interior de Minas Gerais".

O nome do estado, entretanto, não é literalmente citado em nenhum dos contos, mas peculiaridades de sua cultura se fazem denunciar, por exemplo, na fala de algumas personagens, como é o caso da Rosária, de "O moinho".

O título, já muito citado em nosso texto, por sua vez é tomado de empréstimo ao conteúdo do primeiro dos contos. A narrativa tem como parte de seu cenário uma espécie de gruta, formada obviamente por lajedos, entre os quais vai se refugiar a personagem central – o menino Trindade –, após haver cometido um homicídio.

Em afinado grau de pertinência mostram-se, por isto, as ilustrações escolhidas para a edição de 1994. Em rápido comentário, lembramos que as vinhetas – que são pinturas rupestres[10] – estão, em várias de suas verídicas ocorrências, em grutas e cavernas e, na dinâmica de alguns de seus sentidos, revelam a rocha se desdobrando em si mesma, tal como se tem em "Filho de padre".

Por isto, no conto, ela – a caverna – passa a conter e difundir, deste modo e em sua duplicação, as dimensões de lar, palavra que, no caso de Trindade, lemos como refúgio, esconderijo e, de algum modo, templo onde se celebra uma interioridade que se agita dilacerada, que contempla a si mesma, enquanto vítima que está, quase pintura, sobre a pedra sacrificial[11].

Repetindo-se, e variando conforme a pertinência, a situação descrita faz-se, então, presente em cada um dos enredos do livro, sendo mais que evidente na narrativa inicial de *Boca do inferno*.

À gruta presente no cenário do conto dá-se, na história, o nome de "boca do inferno", designação que tem, no desenvolvimento pleno da história, dimensões metafóricas, na sintonia de gruta e caverna.

---

10 As pinturas rupestres reproduzidas no livro pertencem ao acervo da "arte rupestre espanhola".
11 No caso, parece-nos interessante recorrer à idéia de que cavernas e tumbas eram templos para os primeiros cristãos; que, ainda, segundo certa prerrogativa, Cristo teria nascido em uma gruta e que, por fim, muitos altares, quando se pensa o culto católico, contêm relíquias e pedaços de pedras, cuja função é lembrar as sacrificiais, por sua vez memórias de cerimônias recuadas, nas quais sangue era derramado sobre rochas na função de altar. P/ cf. busque-se: CHEVALIER, Jean; GHEERBRANT, Alain. *Dicionário de símbolos*. Coordenação de Carlos Sussekind; tradução de Vera da Costa e Silva e outros. Rio de Janeiro: José Olympio Editora, 1989, pp.696-702.

Ela se torna para Trindade, entre outras alternativas, a gruta interior, aquela onde, mais do que nunca, o menino está entocado, vivendo as agruras de um inferno existencial que será comum a todos os personagens centrais das histórias do livro de Otto.

Na perpetuidade das correspondências, a gruta passaria a estar, então, no ser. Representaria na personagem o profundo do que não se vê ou, noutros termos, o remoto de uma subjetividade, o subterrâneo.

Ainda no espraiamento das ilações, "subterrâneo", por sua vez, teria como sinônimo, na irradiação dos enredos, o termo "encoberto" (secreto, segredo), palavra em parte também tocada por certa carga de "grotesco", de "agressividade" e mesmo "terror", todos conteúdos a se projetar em "porão", "recôndito", "intimidade", "montanha" e, ao fim, "inferno".

A última associação, por sua vez, aumentaria a sua viabilidade ante o texto de Otto, se nos lembrarmos que o inferno é, para certas concepções, uma geografia que se encontra sob a terra, que está embaixo e abaixo, também o espaço do inferior, do abjeto, do ínfimo.

Os significados que compõem a caverna, entretanto, não se encerrariam no conjunto das proposições até aqui desenvolvidas. A gruta, em *Boca do inferno*, ainda se estende e a flexibilidade de sua equivalência acaba por ser o mais forte valor na composição do quadro de riquezas do livro.

Em seu significado, por isto, também se encontra o parecer de que ela representa o inconsciente. Neste enquadramento, a caverna, então, passa a ser o conjunto dos recalques da personagem que estiver em foco.

Noutros termos, a cave, por associação, quer ser o conjunto dos mecanismos de defesa de uma interioridade, ativados principalmente nas circunstâncias em que a vida se lhe mostra adversa, fato em grande comunhão com o histórico das personagens.

Os mesmos personagens, devido a tal, se irmanam na dor. No caso, entretanto, também se irmanariam na imagem da caverna que a todos contém e, de algum modo, os apresenta.

O movimento desta apresentação, por sua vez, muito revela. Ele vai do recôndito para fora, do sub para o sobre, do nebuloso para a exterioridade e, simultaneamente, refaz o trajeto em ação inversa.

Paralelamente, o sésamo[12], para a abertura da propalada caverna, acaba por ser a agressão sofrida. Os enredos de *Boca do inferno* confirmam o fato e mostram que o tesouro da primeira expectativa teve sua essência alterada.

---

12 Sésamo é o vocativo da célebre frase "Abre-te, Sésamo". Seria, por conseguinte, o receptor da mensagem. Por isto, entendemo-lo, em primeira instância, como a própria caverna.

Se, na perspectiva do conto oriental, o "Abre-te, Sésamo" leva à riqueza acumulada por Ali Babá e seus comparsas, em *Boca do inferno* levará à dureza de uma rocha que, humanizada, é feita de extremos de dor.

Assim, na referência dos sete contos, sésamo se modifica e deixa de ser parte da fórmula mágica[13]. Ela assume-se como caverna existencial e humana, na qual se rompeu com a idéia de grão e, no estendido da metáfora, rompeu-se com a simbologia da fecundidade. Na semente que não se abre, que não germina – porque as crianças foram brutalizadas – as riquezas da terra não se revelam, vencendo, então, o mais que árido.

No múltiplo de suas possibilidades, a caverna não deixaria de ser também um forno. À sua volta, brincam, por sua vez, crianças que, conforme a tradição, têm de fazer tudo o que o mestre mandar, sob o perigo de virem a sofrer medonho castigo.

Por isto, não sem uma essencial razão, o estribilho da brincadeira reitera em *memento*: "boca do forno, forno", querendo lembrar a proximidade da tribulação, que pode sobrevir aos incautos e aos incompetentes no cumprimento de tarefas.

Na extensão dos fatos, o mesmo forno, que está para caverna, se reitera em inferno e o jogo das palavras vem para o literário, ganhando, entretanto, densidade de chamas nos significados da escrita de Otto.

Ainda entrelaçado à mesma circunstância, estaria, na abrangente significação, o resgate que o autor efetua de lembrança de sua infância, episódio no qual, segundo seu depoimento[14], ele – Otto – costumava visitar a fazenda dos avós maternos[15].

Na propriedade, havia local chamado pelos parentes de "boca do inferno", geografia interditada às crianças, ao que tudo indica por sua periculosidade, mas, por isto mesmo, local atraente, com poder de fascínio por sua beleza rústica, natural e de algum perigo, tal como se tem em "Filho de padre".

Em perspectiva paralela, na força de sua expressão, *Boca do inferno* angariará para seu autor, ao menos por algum tempo, a pecha de (ousamos dizer) maldito[16],

---

13 Literalmente, sésamo é uma semente, cuja estrutura a ordem do "Abre-te" quer romper. P/ cf. busque-se: CHEVALIER, Jean; GHEERBRANT, Alain. *Dicionário de símbolos*. Coordenação de Carlos Sussekind, tradução de Vera da Costa e Silva e outros. Rio de Janeiro: José Olympio Editora, 1989, pp.825-826.
14 O documento ao qual nos referimos se encontra na posse do Instituto Moreira Salles, e seus teores são respostas (datilografadas) que Otto dá a um questionário que lhe enviara Renard Perez, com o intuito de montar texto biográfico (seguido de antologia) do autor e de outros literatos, cuja escrita repercutia nos anos 50 e 60. O texto que Renard Perez chega a editar não traz, entretanto, a informação de Otto referente ao que se afirma no parágrafo a que esta nota pertence. P/ cf. busque-se: PEREZ, Renard (org.). *Escritores brasileiros contemporâneos*. Rio de Janeiro: Civilização Brasileira S/A, 1964, pp.295-300.
15 A fazenda a qual Otto – menino de cidade – visitava e à qual o adulto faz referência localiza-se em Resende Costa – antiga Vila da Lage (Laje, em escrita atualizada), nas proximidades de São João del Rei.
16 Volte-se sempre, para exemplo, à dimensão de "caverna" que, em nossa apreensão, os contos veiculam.

o que lhe gera diversos transtornos.

A crítica oficial e outros leitores que, recepcionaram o livro em seu lançamento, padeceram de certa dificuldade em separar autor e homem[17], fato que, infelizmente, não é pouco comum.

Ao mesmo tempo, não se pode negar que os fatores elencados tiveram o poder, em nossa interpretação, de alçar o livro de Otto à situação de emblemático: ele torna-se referência, quando se pensa o universo literário do escritor de São João Del Rei; ele passa a ser paradigma, quando se recorre a todos os textos do autor que têm, ao menos em alguns de seus episódios, por personagens centrais crianças e adolescentes[18].

Em meio a estes parâmetros, a possível situação de escrito anterior ou posterior de um outro texto de Otto, enquanto cronologia de escrita ou publicação, não retira a primazia de *Boca do inferno*, não lhe tira o poder da referência, o papel de o livro aglutinador de tensões nada idealizadas a que as faixas etárias em destaque, em nosso ensaio, foram submetidas.

À impossibilidade de catarse das personagens centrais prendem-se, na órbita do livro, as tensões nada idealizadas referidas.

Sua significação, entretanto, está em tensões "nada brandas ou amenas", pois, para Otto, mesmo a criança feliz está muito vocacionada para o sofrimento[19], visão que é um componente trágico do sentimento de mundo do autor.

Em seqüência de raciocínio, apesar da obviedade da informação, é preciso que, nos repetindo, ainda se reafirme de *Boca do inferno* que é um livro de contos, o gênero literário mais praticado por Otto Lara Resende, e criação na qual as marcas do escritor de talento e sensibilidade puderam aparecer e bem se corporificar.

O fato, no entanto, não desmente a vontade do autor em também se expressar no campo romanesco, seara que se vê concretizada, como já o afirmamos, em 1963, com a publicação de *O braço direito*[20], obra que corresponde a um anseio de juventude formada, em sua vertente literária, na idéia de que a obra de maior competência é o romance.

A mesma crença envolve outros escritores contemporâneos de Otto, sendo em

---

17 Buscaremos em nosso texto "mostrar esta dificuldade" a que nos referimos. Nesta nota também expressamos a idéia de que bom seria se "o autor" fosse apenas e tão somente o "conjunto de seus textos", tal como enfatiza Foucault. P/ cf. busque-se: FOUCAULT, Michel. *O que é um autor?*. Tradução de José A. Bragança de Miranda e Eduardo Cordeiro. Lisboa: Vega, 2002, pp.29-87.

18 Lembramos que, excetuando-se os contos de *Boca do inferno*, os outros escritos de Otto que têm por personagens centrais crianças e adolescentes seriam: "A pedrada", quarto conto de *O lado humano*; "O carneirinho azul", primeiro conto de *O retrato na gaveta*; "O guarda do anjo" e "Mater dolorosa", respectivamente terceiro e sexto contos de *As pompas do mundo*. *O braço direito* conta também com suas personagens infantis e adolescentes que são os internos do asilo da cidade de Lagedo (Lajedo, em escrita atualizada).

19 P/ cf. busque-se: SANTOS, Tatiana Longo dos (org.). *Três ottos por Otto Lara Resende*. São Paulo: Instituto Moreira Salles, 2002, p.56.

20 Volte-se à página 61 do presente artigo.

parte, por exemplo, justificativa, em nossa avaliação, para o empenho de Fernando Sabino na escrita e publicação de *O encontro marcado*[21], escrito de importância em nossa expressão literária do pós-guerra, lançado em 1956.

Antes do lançamento de seu romance, entretanto, Otto já se fizera publicar três vezes e na representação do conto, atividade que, por isso, sua escrita ajuda uma vez mais a consagrar. *Boca do inferno*, apesar de ainda segunda obra de uma carreira, colabora para este elogio, sobressaindo-se devido ao fato e não apenas, como se percebe, pela já anunciada celeuma que o teor de seus enredos moveu.

As controvérsias geradas destacam o livro quando de sua publicação, mas, de algum modo, acabam por encobrir, em nossa leitura, alguns e importantes aspectos da obra. Um deles estaria, para exemplo, no didático e, em nossa interpretação, tencional número de suas histórias.

Sete, então e como já se afirmou, é o cômputo das narrativas. A cifra, contudo, gera controvérsias por conta da ampla gama de suas significações.

Uma tentativa de análise do número implica lembrar quando pouco, que ele simboliza a totalidade do espaço e do tempo e, na extensão, a totalidade do universo em movimento.

O sete ainda seria o sabá, isto é, o sábado que (ao contrário do que se imagina) não é o repouso. Repousar seria atitude externa à criação e o que se busca, em uma conclusão de trabalho, é o coroamento, a sensação do dever cumprido, valor mais condigno.

Esses significados, entretanto, põem-se, em nossa leitura, distantes dos sentidos das histórias de *Boca do inferno*. Habita-as tão carregada tensão que não conceberíamos essências de viés lírico ao número total de narrativas do livro.

Em meio aos sentidos que, então, para o sete cogitamos, ante *Boca do inferno*, escolhemos a idéia de que ele representa a ansiedade[22]. No encerramento do ciclo de histórias do livro é o sentimento que nos fica, seguramente atrelado à preocupação com o que ainda poderia suceder a crianças já tão martirizadas ou, noutra instância, quais os seus futuros, se os fatos se perpetuassem na estrutura ficcional.

Sob outro aspecto, ainda ousaríamos dizer que o destino pintou o sete na vida das crianças e adolescentes do livro de Otto e que a tinta, de uma substância vivencial, ninguém a consegue remover.

Noutro parâmetro, o precioso ainda estaria se expressando no respeito à significação de conto, gênero cujos teores Otto bem conhecia (assim interpretamos) e não apenas devido à sua condição de leitor de talentosos contistas de nossa lín-

---

21 Sobre a suposta superioridade do romance sobre outros gêneros Sabino fala a Otto, em carta de 04 de agosto de 1957. P/ cf. busque-se: SABINO, Fernando. *Cartas na mesa*. Rio de Janeiro: Editora Record, 2002, p.191.
22 P/ cf. busque-se: CHEVALIER, Jean; GHEERBRANT, Alain. *Dicionário de símbolos*. Coordenação de Carlos Sussekind; tradução de Vera da Costa e Silva e outros. Rio de Janeiro: José Olympio Editora, 1989, pp.826-831.

gua e da francesa, cultura que muito marcou o autor ao longo de sua vida[23].

Ao que tudo indica, Otto preocupava-se com o gênero e as estudava, havendo em meio a seus livros algumas provas de seu interesse com as técnicas deste módulo literário[24].

Tocado, em nossa perspectiva, pelos conteúdos desta preocupação, é o próprio Otto quem nos lembra, em momento avaliativo[25] e sem cair no óbvio, que conto significa "criação verbal"[26], querendo com isto afirmar, em nossa interpretação, que ele – o conto – deve ser manuseio acurado do vocábulo.

A mesma palavra, em sua busca de expressividade e, ao mesmo tempo, precisão, deve entrelaçar-se à idéia de que é leitura e, mais que isto, tempo de leitura ou uma duração (...) "que se lê de uma sentada", ainda com o compromisso de (...) "desvendar algo de novo, que ressoe para sempre", o que é pretensiosa incumbência, contudo resultado que se alcança nos contos de *Boca do inferno*.

Freqüentando-se seus escritos autobiográficos, percebe-se a ligação de Otto ao gênero. Em situação específica[27], ele cita autores que neste campo o antecederam.

Machado de Assis é sua primeira admiração e seu primeiro professor no gênero[28]. Mário de Andrade – unanimemente o amigo-conselheiro de todos os jovens literatos do circuito belo-horizontino a que Otto pertencera[29] – também é sua referência[30].

Já entre os mais contemporâneos, a apreciação recai sobre Clarice Lispector, Rubem Fonseca e Dalton Trevisan, autor a quem Otto admirava, por conta da maestria do paranaense no microconto.

---

23   Do Otto apreciador de contos sua biblioteca nos dá notícia, com um acervo de ao menos 120 títulos no gênero.
24   Na biblioteca que pertenceu ao escritor, no momento sob os cuidados do Instituto Moreira Salles, encontra-se, para exemplo, e com diversas anotações o *A criação literária*, de Massaud Moisés, em, salvo engano, primeira edição.
25   P/ cf. busque-se: SANTOS, Tatiana Longo dos (org.). *Três ottos por Otto Lara Resende*. São Paulo: Instituto Moreira Salles, 2002, p.109.
26   P/ cf. busque-se: SANTOS, Tatiana Longo dos (org.). *Três ottos por Otto Lara Resende*. São Paulo: Instituto Moreira Salles, 2002, p.109.
27   Em entrevista a Edla van Steen. P/ cf. busque-se: SANTOS, Tatiana Longo dos (org.). *Três ottos por Otto Lara Resende*. São Paulo: Instituto Moreira Salles, 2002, pp.82-117.
28   Na vida de Otto, a presença de Machado, por meio da leitura, é recuada. O autor já é parte do mundo do Otto menino ginasiano. P/ cf. busque-se: MEDEIROS, Benício. *Otto Lara Resende* (Série "Perfis do Rio"). Rio de Janeiro: Relume Dumará, p.24.
29   Um dos depoimentos sobre a importância de Mário de Andrade para os escritores e jornalistas mineiros da geração que sucede a do Modernismo é dado por Hélio Pellegrino. P/ cf. busque-se: PIRES, Paulo Roberto. *Hélio Pellegrino* (Série "Perfis do Rio"). Rio de Janeiro: Relume Dumará, 1998, p.16. Conhecida tornou-se também a crônica de Otto sobre Mário, escrita no primeiro aniversário da morte do poeta em 1946. P/ cf. busque-se: MIRANDA, Ana (org.). *O príncipe e o sabiá e outros perfis*. São Paulo: Companhia das Letras / Instituto Moreira Salles / Casa de Cultura de Poços de Caldas, 1994, pp.15-17.
30   P/ cf. busque-se: SANTOS, Tatiana Longo dos (org.). *Três ottos por Otto Lara Resende*. São Paulo: Instituto Moreira Salles, 2002, p.109.

Outros procedimentos de importância, entretanto, ainda caracterizam a escrita dos contos de Otto e, no caso, também *Boca do inferno* será o espaço para seu acontecimento. Trata-se da obediência, por exemplo, às normas da sintaxe de colocação, distanciando-se, por isto, seu estilo de algumas práticas que a geração modernista já incorporara ao seu dizer, e práticas que o Otto Lara Resende leitor já havia constatado.

Em atenção a outras características da escrita do autor, deve-se citar ainda o límpido de sua frase, ligado a um gosto pela ordem direta dos termos e por uma estrutura de período que, mesmo quando se apresenta composta, se faz por um número reduzido de orações.

Nos sete contos, o mensurado uso do adjetivo torna-se outro aspecto de escrita que ainda se deve mencionar. Na busca da anunciada expressão feita pelo mais nuclear, o autor acaba por ser mais parcimonioso no uso de adjetivos e outros determinantes.

Com o procedimento, por conseguinte, o centro nominal, no texto, representa mais em si e o artifício, em instância última, porta uma revelativa cota de responsabilidade no jogo das tensões que perpassam as páginas.

Circunstância que também ligamos à elegância do dizer de Otto está em sua sutileza de não permitir que seu narrador diga explicitamente o que de mais terrível se passou com suas personagens.

Boca do inferno é, neste aspecto, também bom representante. Em suas situações de clímax, impera a sugestão, o dizer pelo não dizer, prática que, de modo algum, entretanto, exclui o leitor do entendimento da mensagem.

Quanto à mesma estratégia, ainda se poderia dizer, pensamos, que ela seja modo de afastar da via literária a sordidez do cotidiano[31], mas sem a negar enquanto conteúdo, enquanto cabal parte das existências, inclusive de crianças e adolescentes, as personagens de centro do livro em questão.

Por assim o ser, em *Boca do inferno*, sabe-se, para exemplo, do estupro, mas sem que se mencione a palavra, sem que a escrita detalhe o gesto; sabe-se do assassinato, mas sem que se escreva o vocábulo.

A tática, em nosso modo de interpretar, convida o leitor a mais intensamente fruir o texto, a dar a ele mais atenção. O procedimento, na indução de nossa leitura, estende ao mesmo leitor o prévio aspecto de intérprete.

---

31 ... "É preciso não fazer da literatura uma sarjeta, engrossar a abjeção humana. E todavia longe de mim atitude edificante, moralizante" ... O pensamento é da autoria de Otto e é parte de resposta à pergunta síntese "Quem é Otto Lara Resende?", feita ao autor por Paulo Mendes Campos, para entrevista publicada na Revista Manchete, em abril de 1975. P/ cf. busque-se: SANTOS, Tatiana Longo dos (org.). *Três ottos por Otto Lara Resende*. São Paulo: Instituto Moreira Salles, 2002, p. 61. A sordidez do cotidiano sem meias tintas está, para exemplo, escrachada em textos de Dalton Trevisan.

Acerca do mesmo fato, é preciso ainda que se declare, estendendo nosso raciocínio, que a ausência anunciada é mais que tencional. O convite à ação do leitor ante o escrito é fato sob o qual se desenvolve a idéia de que o texto é também o que se estende no silêncio.

Em simultaneidade, outra substância, por sua vez, ganharia forma. O que a constitui é o parecer de que, no mesmo silêncio, o que se tem, em verdade extrema, é a palavra como desnecessária ou, sob outro ângulo, a palavra como signo gasto.

O termo (signo gasto), remetendo-nos a Barthes, põe-nos também em contato com a idéia de que silêncio seria, no contexto de que faz parte e do modo como acontece, função poética[32].

À constatação prende-se a equivalência de que, na função poética do silêncio, a mesma palavra que o antecedera apenas fora uma isca[33], para que, em intenção última, chegássemos ao indizível dos mundos das personagens centrais, tão marcadas (quase todas) da atroz violência.

Com o dito acima, não se sugere, no entanto, que o silêncio aludido seja das personagens. Reiteramos a idéia de que, para nós, trata-se, no assunto evidenciado, de um silêncio pertencente ao texto, à sua escrita; trata-se de um aspecto que, em nossa leitura, acaba por ser a expressão de um estilo.

Às personagens de *Boca do inferno* (ao menos às principais) cabe, no contexto de cada um dos enredos e em nossa apreciação, não o termo "silêncio", mas sim o vocábulo "mutismo", para designar-lhes a ausência de palavras no extremo das angustiantes situações que as atingem[34].

Nossa apreensão não ousa tomar por sinônimos os vocábulos (no texto-leitura, não vocábulos, mas certamente os sentidos ante o mundo), apesar da proximidade semântica entre ambos, se freqüentarmos dicionários.

Em nosso contexto, mutismo é oposição a silêncio. Quando o empregamos na vinculação às personagens, lembramo-nos de obstrução, ocultamento, degradação, medo, todos sentidos que contrariam a "liberdade" que, muitas vezes, o silêncio[35] oferece.

A liberdade presente no silêncio estaria, por sua vez, para uma revelação, semântica que, como se constata em nosso raciocínio, o mutismo oblitera. A revela-

---

32 P/ cf. busque-se: BARTHES, Roland. *O prazer do texto*. Tradução de J. Guinsburg. São Paulo: Editora Perspectiva, 1993, p.92.
33 A palavra "isca" não é nossa; tomamo-la de empréstimo a texto de Clarice Lispector. P/ cf. busque-se: LISPECTOR, Clarice. *Água viva*. Rio de Janeiro: Editora Artenova S.A., 1973, 115 p. Também a encontramos em "Catar feijão", segundo poema de *Educação pela pedra*, de João Cabral. P/ cf. busque-se: MELO NETO, João Cabral. *Obra completa* (vol. único). Rio de Janeiro: Editora Nova Aguilar, 1999, pp.335-367.
34 Expressivo exemplo é, no caso, Sílvia, do conto "O segredo".
35 A positividade do silêncio residiria, entre outros aspectos, na hipótese de que ele ocorre, para exemplo e segundo alguns pareceres, antes da criação e após o final das eras, prova de sua ligação com os grandes acontecimentos. P/ cf. busque-se: CHEVALIER, Jean; GHEERBRANT, Alain. Dicionário de símbolos. Coordenação de Carlos Sussekind; tradução de Vera da Costa e Silva e outros. Rio de Janeiro: José Olympio Editora, 1989, p.834.

ção, por isto, estaria sempre para uma hipótese de elevação, possibilidade interditada às personagens centrais de *Boca do inferno*.

O fato, contudo, também se estende, em sua força, sobre o adulto opressor. A ação negativa que ele desencadeia encontra origem em interioridade deturpada, na ausência de uma iluminação que, se existente, para o positivo tudo poderia modificar.

Fato que, em *Boca do inferno*, também interage diretamente com aquele que lê seus contos é o tratamento dispensado ao narrador, figura que, mesmo com sua existência em terceira pessoa por todos os sete enredos, nada traz das práticas da onisciência absoluta.

Sua ação é a de estar com a personagem e, na extensão, tê-la como seu limite. Ao longo das sete histórias, as personagens inibem a menção direta ao narrador. Ele, contudo e curiosamente, vive a responsabilidade da transmissão da maioria dos informes que nos chegam, pois poucos são os episódios de discurso direto nas narrativas.

Nos mesmos valor e poder destas afirmações, *Boca do inferno* ainda traz, como recurso do seu estilo, uma linguagem que, sob a ação do narrador, mimetiza a brutalidade à qual os personagens infantis e adolescentes são submetidos[36].

A prática diretamente nos filia a raciocínio desenvolvido em parágrafos anteriores, mas, neste momento de nosso texto, indica-nos o responsável por um procedimento que, em verdade última, será de escrita ou, ainda, de escolha de um modo de escrever.

A cena do estupro de Silvinha bem exemplifica, em nossa avaliação, o que se afirma. Falando o narrador, somos advertidos para o fato de que a menina foi dobrada sobre o sofá (p.89, 8º§), situação que, na aparente inadequação do verbo dobrar, causa o estranhamento.

No contexto, entretanto, o mesmo verbo, na tencionalidade da escrita, indiretamente revela a participação forçada da menina. Na instância, Sílvia foi submetida à conjuntura. No dobrar (dobrá-la) está a força despendida pelo agressor e o sádico da imposição da vontade do adulto ao corpo sem movimento, endurecido, mas frágil da criança.

À menina coube, na cena, fechar os olhos, gesto que, em sua concretude, é tentativa de ausentar-se ou momentaneamente morrer, para negar o ato e as marcas indeléveis – mais que físicas – que dele ficarão.

Toda esta carga emocional, no entanto, condensa-se no texto em três curtas orações. A tensão, com isto, chega à culminância e, vencido o repúdio à brutalidade, vence o texto no poder de expressar.

---

36 No mimetizar, o narrador em questão efetua uma mimese, isto é, uma recriação de realidade, fato que dá mostras, em nossa opinião, de sua importância no texto de Otto.

A "sugestão" já mencionada encontraria, assim, suas causas no narrador, elemento da narrativa que, no livro em análise, estrutura uma igualdade entre a voz de dentro dos enredos e a voz de fora.

O narrador, enquanto causa da sugestão, dá, assim, ao texto (ao texto que é sua fala) um caráter eufemístico. Noutros termos, ele seria quem tem a capacidade de suavizar o poder conotador da palavra, já que sua expressão não se utiliza do vocábulo específico, nem se detalha.

O expediente do narrador, contudo, perante a rudeza da realidade, poderia soar para alguns leitores como mera retórica ou modo de ocultar o caráter sádico, em verdade última do narrador.

Se existente – entretanto – o raciocínio, com ele não concordamos. Cremos noutro argumento. Como atitude do narrador, o recurso eufemístico – parceiro correlato da fluência do mesmo texto – seria contraponto ao abissal da vida das personagens.

Noutra esfera, o recurso ainda corresponderia a modo (curioso modo) de destacar o aviltado, em gesto de possível solidariedade.

Por sua vez, o recurso estilístico que representaria, nos contos, o mesmo abissal é a reificação, sempre sinônimo do humano embrutecido, desrespeitado, privado de sua merecida e prosopopéica ascensão.

Nesta circunstância, pedimos, assim, que se deduza que também a fluência anunciada da escrita está, no texto, como contraponto, como recurso de oposição que vale apreciar, entender nas dimensões do eufemístico.

Para a mesma circunstância, direcionar-se-ia a questão das vozes. Nomeando-as, dizemos que a de dentro seria a voz da personagem; a de fora, a do narrador. A estreita convivência entre ambas, entretanto, estabelece o que, anteriormente, chamamos de igualdade. Noutra instância, uma quase fusão, fato que, se verdadeiro, torna menos rarefeita a hipótese de narrador solidário.

A atitude também se materializa, em nossa interpretação, no convite para, no processo de leitura, a já citada ação mais participativa do leitor que, devido a este artifício, se vê na condição de maior identidade com as personagens nos seus acontecimentos de vida.

Nos enredos, a condução de quem lê também se faz pela disseminação de um suspense, recurso que, mais uma vez graças ao trabalho do narrador, vai se desenvolvendo gradualmente na extensão de todas as histórias.

Na trajetória de Floriano, no tercceiro conto, tem-se claro exemplo deste suspense disseminado. Antes do assassino frio e calculista, transcorreram-se algumas etapas. Em voga, primeiro, está o menino sádico que maltrata animais. Depois, avista-se o masoquista que escavaca as pequenas feridas. Em cena, na seqüência, está o dissimulado que atrai o amigo crédulo para o perigo fatal que, ao fim de tudo, é o Floriano de plácida, mas sempre dissimulada aparência do início.

O fato, por sua vez, entrelaça-se à empresa de condução do leitor ao clímax dos enredos e a mesma condução conhece etapas na narrativa.

Há, em *Boca do inferno*, por isto, equivalência entre condução e suspense graduado, ou, noutros termos, entre condução e tensão medida. No ato da leitura, o mesmo procedimento estabelecerá sutil e, sem contradições, estreita aproximação entre narrador, leitor e personagem.

A sutileza, nas situações dos enredos, acontece, então, como recurso de uma escrita. Todavia, observando-se melhor a estrutura, o que mais se percebe é que o grande artifício que se concretizou foi, ao fim e ao cabo, a aludida triangulação – narrador, leitor, personagem – que tem por base um texto de estrutura primorosa.

Fato também a pedir nota em *Boca do inferno* é a convivência entre o tempo cronológico e o psicológico, havendo no livro, contudo, uma sobreposição do segundo ao primeiro.

No conjunto das narrativas, a peculiaridade se vincula, em nossa apreensão, ao drama pessoal das personagens, cujo denso conteúdo, no entanto, teria suas origens na realidade circundante, no social de que as crianças de *Boca do inferno* fazem parte e na situação de vítimas maiores.

Deste social, porém, vai ocorrendo, acreditamos, um discreto e manipulado, distanciamento em alguns contos. Com o paulatino acréscimo da tensão psicológica nas narrativas, o personagem vai, na aparência, como que se apartando dele.

Doquinha, no quarto conto, em seu leito vive, segundo nossa leitura, esta situação. À medida que vai aprofundando a consciência da perda do amado, mais se enreda, presa ao quarto e, na extensão, mais alheia ao mundo. O aparente adeus ao social, assumido na reclusão, dá-se no mergulho em si e também na descoberta da capacidade de sofrer.

Em pensamento a nosso ver mais ajustado, ainda diríamos que o social de *Boca do inferno* estaria, no desenvolvimento das histórias, buscando a camuflagem. No contraponto deste seu gesto, avolumar-se-ia correlatamente a mencionada tensão psicológica, carregada de tragicidade.

Exemplo visceral do fato seria, a nosso ver, Trindade em seu último gesto. Pensá-lo, portanto, no refúgio da gruta faz-se sempre necessário. No esconderijo, está o personagem que quer se ocultar, fundir-se, mimetizar-se e não ser encontrado. No mesmo espaço, contudo, também indiretamente se refugiou e quer se negar o social que gera o pária e seu gesto homicida.

Na tensão do personagem entocado, camufla-se, noutros termos, a sociedade, temendo suas culpas. O gesto, porém, acaba sendo tiro pela culatra. Nele, o social se denuncia e se expõe.

Já em segunda instância, o mesmo psicológico que se registra (fusão de tempo psicológico e tensão) é, em consonância com o registro anterior, graduada descoincidência com as medidas temporais objetivas, mas sem que, de modo algum, isto faça o texto incorrer em ilogismo ou chegar, em sua instância última, à fuga total ao linear.

Nos contos, não há o mergulho no puro fluxo da interioridade[37]. No texto, o que certamente ocorre é o estabelecimento paulatino de uma consciência interiorizada nas personagens, que corresponde ao saldo de percepção do real com suas atrocidades e descaminhos.

Do mesmo elemento desencadeador emanaria, também e obviamente, o discurso da interiorização, a nosso ver o subsídio necessário para a fixação referida.

Ainda no contexto em evidência, do comentado tempo psicológico é preciso também que se afirme, apesar do perigo de cair em certo lugar comum, que ele existe nas personagens como parceiro correlato de suas almas, que ele é tempo vivencial[38].

Sua concretude, na narrativa, prende-se ao grande intimismo que marca, página a página, todo o livro de Otto. Do mesmo intimismo, o que ainda se denuncia é que ele não se talha no gratuito ou, explicando-nos, na via romântica, sem que se queira ao último termo amesquinhar.

Em *Boca do inferno*, a sintonia não se faz devida àquele que queira romanticamente se contar, mostrar, na gratuita confissão, o seu íntimo ou seu modo de ser. A atmosfera dos contos é outra. Neles, intimismo (sem que haja o medo da redundância) é o cerne, é o exclusivo da interioridade, é o âmago.

O termo, no contexto do seu emprego, é o avesso de aspecto, de aparência exterior. Em nossa leitura, seria, por conseguinte, o oposto à dissimulação, pois, no extenso do escrito, é o que está no ânimo, o que não pode ser adulterado; é, no que se apreende e em palavra última, o essencial.

Com o fato, ao fim das respectivas histórias, Doquinha é – quase em teores da tragédia antiga – a viúva; Sílvia, a vítima do abuso sexual; Floriano, o assassino; Francisco, a cria sob posse.

Ainda para corroboração dos fatos, na arquitetura dos sete enredos os personagens não são redimidos. A eles não é permitido conhecer a epifania que contempla a vida em crise de personagens elaboradas por outros autores[39].

---

37 O aludido fluxo - também, segundo nossa compreensão, chamado "monólogo interior" - foi exemplarmente atingido por Proust, Svevo, Virgínia Woolf e, em nossa literatura, por Pedro Nava em episódios de *Baú de ossos*.
38 Segundo Benedito Nunes, "a experiência da sucessão dos nossos estados internos leva-nos ao conceito de tempo psicológico ou de tempo vivido, também chamado de duração interior." P/ cf. busque-se: NUNES, Benedito. *O tempo na narrativa*. São Paulo: Editora Ática, 1988, p.18.
39 A alusão, na circunstância, é a Clarice Lispector, autora que tem seus textos celebrados pela crítica com a

No auge do drama que estão vivendo, a situação como que se cristaliza, e o fato ocasionante da circunstância é o fim da história que, ao longo de toda a sua duração (e isto em se tratando de todos os sete enredos), encontra, em nossa leitura, no grito de dor[40] (que, contraditoriamente, não foi emitido[41]) a sua imagem de síntese, a sua definição última.

Do cotidiano que circunda os personagens nada aflora, nada vem à tona, à superfície (mesmo que seja o mais prosaico dos fatos), com poder sequer de abrandar-lhes os sofrimentos, quanto mais de os extinguir.

Na vida dos personagens em questão, não há acontecimento a se fazer presente, mesmo que da forma a mais inesperada ou sub-reptícia, com o intuito de tornar a existência menos pesada ou de a iluminar, em proximidade ou distância com o significado religioso que o verbo possa trazer.

Nos contos, em sua ordem estabelecida, o sofrimento não deixa de ser dor. A fatalidade traça para os personagens um caminho sem volta. O afeto, para a maioria deles, foi banido de seus mundos. Premidas em suas circunstâncias de vida, eles ignoram qualquer transcendência.

No interior das narrativas – que, em *Boca do inferno*, é o interior dos personagens –, o autor trabalha com uma realidade material e psicológica em sua concretude, em sua intensa expressão. Nos sete contos, dor é de fato dor ou, no máximo da concessão porventura desviante, a vida do personagem.

Na circunstância, o que interessa é a fixação do que está contido (inseparavelmente contido) ou implicado na natureza dos seres, embora se saiba que o mesmo contido ou o mesmo implicado seja sofrimento.

Deste modo, o que emana das palavras, na organização e lógica que elas assumem na luta por expressão, é, em *Boca do inferno*, imanência, significado em oposição mais que declarada ao transcendente ou, ainda nos repetindo, ao epifânico[42].

Referências Bibliográficas

BARTHES, Roland. *O prazer do texto*. Tradução de J. Guinsburg. São Paulo: Edi-

---

palavra "epifania", expressão que se emprega em avaliação interpretativa de certos acontecimentos das vidas de suas personagens.
40 Na circunstância, a expressão "grito de dor" de nosso texto remete-nos à imagem que constitui "O grito" ("The Scream") - de 1893 -, quadro de Edvard Munch (1863 a 1944), pintor norueguês impregnado do ideário expressionista, termo que, em nossa leitura, de algum modo ajuda a captar e a definir a densa carga dramática de *Boca do inferno*, atmosfera que é fruto da tensão, do sofrimento a que são submetidas suas personagens.
41 No episódio, remetemo-nos à distinção que explicitamos entre "silêncio" e "mutismo".
42 Ainda quanto ao epifânico vale recorrer a texto de Olga de Sá, mais propriamente ao capítulo IV ("o conceito e o procedimento da epifania") de seu mestrado. P/ cf. busque-se: SÁ, Olga de. *A escritura de Clarice Lispector*. Petrópolis: Editora Vozes, 2000, pp.129-165.

tora Perspectiva, 1993.

CHEVALIER, Jean; GHEERBRANT, Alain. *Dicionário de símbolos*. Coordenação de Carlos Suskind; tradução de Vera da Costa e Silva e outros. Rio de Janeiro: José Olympio Editora, 1989.

MEDEIROS, Benício. *Otto Lara Resende* (Série "Perfis do Rio"). Rio de Janeiro: Relume Dumará, 1998.

NUNES, Benedito. *O tempo na narrativa*. São Paulo: Editora Ática, 1988.

PEREZ, Renard (org.). *Escritores brasileiros contemporâneos*. Rio de Janeiro: Civilização Brasileira S/A, 1964.

PIRES, Paulo Roberto. *Hélio Peregrino* (Série "Perfis do Rio"). Rio de Janeiro: Relume Dumará, 1998.

SÁ, Olga de. *A escritura de Clarice Lispector*. Petrópolis: Editora Vozes, 2000.

SABINO, Fernando. *Cartas na mesa*. Rio de Janeiro: Editora Record, 2002.

SANTOS, Tatiana Longo dos (org.). *Três ottos por Otto Lara Resende*. São Paulo: Instituto Moreira Salles, 2002.

"Let My People Stay"; Judeus e Exilados em Busca de Novas Identidades em Moacyr Scliar

Barbara Heller

Introdução

"Um judeu podia salvar-se da morte no campo de concentração, se fosse considerado um trabalhador essencial ao esforço de guerra nazista, ou seja, se fosse incluído na lista de Schindler. Uma personagem aproxima-se da mesa de inscrição e diz com orgulho: 'Sou um trabalhador essencial'. O soldado nazista pergunta-lhe: 'Qual é sua profissão?'. Ela responde: 'Professor de literatura e história'. O soldado começa a rir, indicando-lhe o lugar dos excluídos, dos inessenciais. Perplexa, a personagem indaga: 'Mas o que pode ser mais essencial do que a história e a literatura?'" (Texto de FIORIN, extraído do site: http://www.unb.br/abralin/index.php?id=8&boletim=24&tema=01, em 28 de agosto de 2006).

Não foi por acaso nem por falta de inspiração que escolhi uma cena do filme *A lista de Schindler*, de Spielberg, para iniciar este texto. Trata-se de uma escolha consciente, porque o trecho transcrito põe em xeque a importância dos estudos da literatura e da história não só na vigência de um regime totalitário como o nazismo, como também numa sociedade democrática. Ao mesmo tempo, relembra a perseguição histórica aos judeus que, muitas vezes, para sobreviverem, fugiam de seus países de origem, sem muita garantia de que ficariam seguros nos novos destinos.

A perplexidade que o personagem do filme sente ao ser classificado como "inessencial" pelo soldado nazista não pode ser transferida literalmente para os tempos atuais, mas, ao mesmo tempo, guardadas as devidas proporções, ela pode se manifestar, ainda que em graus e em momentos diferentes, nos pesquisadores das áreas de humanidades, tradicionalmente sujeitos a menos verbas de financiamento do que colegas de outras áreas.

Talvez motivada pelo desafio de não tornar "inessenciais" os estudos da literatura e da história e, por extensão, dos chamados estudos culturais, elegi a obra de Moacyr Scliar como fonte primária de minha pesquisa, cujos resultados parciais escrevo neste artigo.

Trata-se de um autor brasileiro, com mais de 70 obras publicadas, muitas delas traduzidas nos mais diversos idiomas e merecedor de vários prêmios literários, tanto no Brasil, como no exterior. Em sua obra romanesca habitam os mais variados personagens, homens, mulheres, velhos ou jovens que, de uma maneira ou outra, trazem à tona os temas que pretendo analisar: a marca do exílio, a busca por uma nova identidade e as representações do Brasil sob a perspectiva do estrangeiro.

Pretendo verificar, a partir da leitura dos teóricos dos estudos culturais como Tezvetan Todorov, *O homem desenraizado*, Edward Said, *Reflexões sobre o exílio*; Homi K. Bhabha, *O local da cultura*, Ella Shohat e Robert Stam, *Crítica da imagem eurocêntrica* e, finalmente, Zygmunt Bauman, *Identidade*, a maneira pela qual os personagens sclarianas vivem a experiência do exílio, compõem uma nova identidade e projetam a imagem do país que os abriga – Brasil.

Para isso, elegi neste artigo o romance *Sonhos Tropicais* (1992) e sua adaptação para o cinema, em 2002, com título homônimo.

Para efeito de clareza, é necessário explicar que, como a versão cinematográfica difere bastante da impressa, muitas vezes foi necessário distinguir, no corpo do texto, se a análise de determinado aspecto está se referindo ao livro ou ao filme, como já acontece no próximo item, ao citar características de Esther, a protagonista.

A experiência do exílio e a hibridização da cultura

Segundo Edward Said, o exílio "é terrível de experienciar". "Ele é uma fratura incurável entre um ser humano e um lugar natal, entre o eu e seu verdadeiro lar: sua tristeza essencial jamais pode ser superada". (SAID, 2003, p. 46)

Muitos dos personagens de Scliar parecem, de fato, corresponder a esta melancolia descrita por Said. Embora consigam estabelecer-se no novo país, sentem nostalgia do que ficou para trás, como ocorre com Esther, de *Sonhos Tropicais*. A Esther do livro tem como maior desejo "voltar para sua gente", o que pode ser justificado pela vida infeliz que teve no Brasil: vítima da rede internacional de prostituição do início do século XX que trazia mulheres judias e pobres da Europa Central, assim que ela põe os pés no cais do Rio de Janeiro, onde desembarca, deseja voltar imediatamente ao país de origem. Tal projeto, no entanto, não se realiza: doente, viaja muitos anos mais tarde na segunda classe de um navio, mas morre durante a travessia e seu corpo é jogado ao mar.

Já a Esther do filme, ao contrário, não pensa em voltar ao país de origem, mas em trazer seus pais e apresentar-lhes as belezas do Brasil. No final do filme, ela parece se conformar com a condição de prostituta, ao aceitar novamente a proteção do chefe de polícia do Rio de Janeiro e não mais escrever cartas aos pais, quando expressava seu desejo de pagar-lhes a viagem.

Isso não significa, no entanto, que a Esther do filme deixou de manifestar a melancolia citada por Edward Said. Ela simplesmente parece se conformar com o exílio e apenas sobrevive. Não há em nenhum momento do filme uma cena ou uma seqüência em que a personagem demonstre um estado de alma diferente da resignação.

Tanto a Esther do livro, como a do filme, vivem um "estado de ser descontínuo", pois estão desprovidas da proteção de um exército ou de um Estado, de uma ideologia triunfante ou de um povo restaurado (SAID, 2003, p. 50). Ela só conta consigo mesma para não sucumbir...

Enquanto é jovem e atraente, consegue manter-se, mas logo a doença – tuberculose – lhe rouba a boa aparência e a garantia de trabalho. É quando, na versão impressa, decide voltar para a Europa.

Já na versão fílmica, Esther não chega a adoecer, mas precisa da proteção do todo-poderoso chefe de polícia local para sobreviver. Não se trata da instituição pública e jurídica policial, mas de pura troca de favores entre pessoas físicas. Enquanto Esther serve aos caprichos eróticos do chefe da polícia, ganha em contrapartida sua proteção. Durante o intervalo de tempo em que não contou com seu apoio, viveu a decadência e os piores momentos de sua experiência no Rio de Janeiro, de onde nunca conseguiu sair.

Não parece ser acaso, portanto, o final trágico das duas versões de Esther. Tal personagem é apenas uma sobrevivente que, obrigada a abandonar seu país de origem, deixou para trás todos que lhe eram caros e as instituições que poderiam defendê-la. Uma vez no Brasil, tornou-se excluída e não conseguiu criar novos vínculos significativos.

Outro teórico que escreveu sobre o exílio é Todorov, intelectual húngaro que foi viver na França, ainda quando era um jovem estudante. Segundo seu pensamento, estabelecer-se num país estranho é uma experiência que põe em xeque, principalmente, a origem cultural nacional, "porque nela se combinam os traços deixados – no corpo e no espírito – pela família e pela comunidade, pela língua e pela religião". (TODOROV, 1999, p.26)

A Esther do filme personifica com bastante propriedade o pensamento acima exposto, pois como na versão cinematográfica esta personagem ganha voz, corpo e vestuário, seu sotaque torna-se uma das suas características mais marcantes. Falar com sotaque é, certamente, uma marca deixada pela língua natal, uma espécie de preservação dela, ainda que involuntária (ou inconsciente) .

Sua aparência física, rapidamente descrita no livro como "uma mocinha ruiva, de feições eslavas" (SCLIAR,1992, p.43), é materializada pela atriz Carolina Kasting. Portanto, a fusão do sotaque e do corpo de Esther, na versão fílmica, além da nostalgia dos rituais judaicos comentados em cartas ao pai, deixam explícitas as marcas de sua origem cultural, jamais abandonadas.

Como Esther não conseguiu voltar ao país de origem, tanto na versão cinematográfica, quanto na do livro, pode-se dizer que, com a passagem dos anos e sempre morando no Brasil, a personagem criou uma "cultura híbrida", o que é muito diferente de abandonar ou substituir, progressivamente, a cultura anterior pela nova cultura. Apesar de ter aprendido a língua do país que a acolhe (Brasil), tentar estabelecer novos vínculos afetivos e conhecer os costumes locais. Esther, assim como qualquer outro exilado, não pôde apagar os vestígios definidos pela genética – tom da pele, entonação da voz, timbre, postura corporal .

A hibridização, no entanto, não é suficiente para que os exilados vivam sem o peso da fragmentação. Se por um lado ela equilibra vestígios da cultura de origem e da nova cultura, ela não é suficiente para resolver outras rupturas, que costumam ocorrer com maior severidade aos exilados, estejam eles integrados ou não ao novo país. Em Esther, a ruptura mais sensível ocorre quando ela manifesta a falta da prática dos rituais judaicos, associada à imagem de "polaca", da qual ela não consegue se livrar. Ela sempre será vista como estrangeira e como prostituta, independentemente de seus hábitos e costumes. Neste sentido, o filme é bastante significativo, pois ele mostra que nem mesmo quando Esther perde a proteção do chefe de polícia e acaba se juntando aos cariocas na Revolta da Vacina deixou de ser vista como alguém de fora, um "outro". Já para os seus conterrâneos, Esther passa a ser uma estranha, graças à sua prolongada ausência e mudança de costumes.

Como já foi dito anteriormente, vários personagens sclarianos vivem os efeitos do exílio, da hibridização e da fragmentação, como Mayer Guinzburg, de *O exército de um homem só*, que, dependendo do contexto em que se encontra, ora pede para ser chamado por "Mayer", ora por "Capitão Birobidjan". Comunista convicto e morando no Brasil desde os 13 anos, aproximadamente, este personagem, na vida adulta, sonha com uma nova sociedade em nosso país, em que todos pudessem ser tratados como "companheiros", dividindo tarefas e responsabilidades, sob sua liderança inquestionável. Para executar essa empreitada, segundo seu raciocínio, é necessário agregar à sua pessoa um nome que lhe conferisse respeito e autoridade e, ao mesmo tempo, que intimidasse possíveis inimigos – reais ou fictícios. "Capitão Birobidjan" encaixa-se perfeitamente a tais exigências, uma vez que reúne simultaneamente uma alusão a uma patente militar (o que, por si só, numa sociedade civil, o distingue hierarquicamente dos demais) e homenageia o local previsto em seu país natal – Birobidjan – para os judeus viverem em segurança.

Assim, torna-se possível ao personagem manter tanto suas convicções políticas, quando responde por Capitão Birobidjan, quanto ser visto como parte integrante dos exilados judeus, quando responde por Mayer Guinzburg. No entanto, esta fragmentação identitária, entre as várias que sofre ao longo da narrativa, tem conseqüências graves. Ao final do romance, o personagem é internado e não se sabe muito bem se ele morre de um ataque cardíaco ou se enlouquece definitivamente.

Fragmentação e hibridização, portanto, parecem ser algumas das características de um grupo social definido – os exilados. Analisarei, neste texto, principalmente, a personagem feminina exilada na obra *Sonhos tropicais*, Esther, na versão em livro e na cinematográfica.

Esther, a polaca

A "função poética", para lembrar o esquema de Jakobson, não é apenas uma função decorativa e tampouco exclusividade da literatura. Ela é parte integrante de qualquer situação comunicacional e, embora não esteja funcionando como a principal via de investigação da análise, certamente contribuiu para a eleição de minhas fontes primárias: um texto literário de Moacyr Scliar e sua adaptação fílmica, rodada em 2002, por André Sturm. Trata-se de *Sonhos Tropicais*, na qual a protagonista Esther, recém-chegada da Polônia ao Brasil, rapidamente percebe ter sido enganada sobre um casamento promissor e começa a fazer parte das chamadas "polacas".

O filme mostra, com boa dose de lirismo – e por isso a função poética – a difícil trajetória dos judeus exilados no Brasil, especialmente o grupo das mulheres provenientes dos países da Europa Central, como Polônia, Romênia e Lituânia. Tentando livrar-se do estigma de "judia", a que se agregaram o de "prostitutas" e depois de "comunistas" (este último mais voltado aos homens judeus), estas mulheres fizeram parte dos grandes contingentes de judeus que chegaram ao Brasil a partir da década de 1920, algo entre 40 000 e 50 0000 exilados.

Rio de Janeiro, São Paulo, Porto Alegre e Santos eram as cidades onde mais se notava a presença dessas mulheres, quase todas de origem pobre – algo em torno de 10 000 judias – que, trazidas pelo tráfico internacional, ingressavam rapidamente na prostituição. Em pouco tempo, contraíam sífilis e as dificuldades por que passavam eram ainda mais intensas.

O termo "polaca" que ganhavam quando mal chegavam ao Brasil, rapidamente passou a ser sinônimo de prostituta. Era o ingrediente que faltava para reforçar o forte sentimento anti-semita que já existia na sociedade brasileira.

Por terem sido trazidas à força, tais mulheres podem ser consideradas exiladas (e não emigrantes)[1], uma vez que foram obrigadas a sair de seus países de origem e não mais conseguiam regressar.

Residente no Brasil e saudosa de sua terra natal e de sua família, Esther luta para sobreviver, mas não consegue escapar da lógica perversa do preconceito: como não é brasileira, mas polonesa e judia, ela amarga um sentimento de não-pertencimento.

---

[1] Segundo Edward Said "é possível fazer algumas distinções entre exilados, refugiados, expatriados e emigrados. O exílio tem origem na velha prática do banimento. Um vez banido, o exilado leva uma vida anômala e infeliz, com estigma de ser um forasteiro. Por outro lado, os refugiados são uma criação do Estado do século XX. A palavra "refugiado" tornou-se política [...]. Os expatriados moram voluntariamente em outro país, geralmente por motivos pessoais ou sociais. Os emigrados gozam de uma situação ambígua. Do ponto de vista técnico, trata-se de alguém que emigra para outro país. Claro, sempre há uma possibilidade de escolha, quando se trata de emigrar [....] mas não foram banidos. (2003, p.54)

A atriz Carolina Kasting encarna a personagem Esther no filme. Seu modo de falar, esforçando-se não só para aprender o português, mas também para disfarçar o quase inevitável sotaque, bem como as cartas que escreve ao pai, reproduzindo uma visão do Brasil de acordo com a visão eurocêntrica – um país de oportunidades e aberto à multiculturalização – oposta à sua nova realidade, podem revelar a hegemonia de determinadas idéias e representações que determinaram o jeito de ser e de pensar da sociedade brasileira contemporânea.

A Esther do filme *Sonhos Tropicais* tem muito mais destaque do que a do livro. Possivelmente porque Moacyr Scliar quis homenagear no romance não a "polaca", mas o sanitarista Oswaldo Cruz e a sua atuação no combate às doenças que devastavam o Rio de Janeiro no começo do século XX. No entanto, por ser ela a personagem exilada, para efeito de clareza e de coerência com a proposta deste texto, mostrarei, no item a seguir, as diferenças e semelhanças entre a personagem do livro e a do filme.

Esther do romance impresso e Esther do filme

É interessante observar que Esther é apenas uma personagem secundária no romance, mas uma das protagonistas do filme. Por se tratar de uma adaptação, o diretor não foi obrigado a se ater ao texto original e assim construiu uma Esther muito mais preocupada que a do texto com questões sociais que abalaram o Rio de Janeiro durante os combates encabeçados por Oswaldo Cruz contra a peste bubônica, a febre amarela e a varíola.

A fim de tornar a leitura mais fácil, comento separadamente alguns aspectos do livro, depois do filme para, finalmente, analisar suas semelhanças e diferenças.

No livro: a personagem Esther mal aparece. Sua primeira inserção acontece na página 43: "Os navios cruzaram-se; tão curta era a distância que pudeste [Oswaldo Cruz] abanar para uma mocinha ruiva, de feições eslavas. Que faria ela no Brasil? Trabalharia na terra? Seria mais uma das operárias da Fábrica Corcovado? Ou acabaria como prostituta num cortiço qualquer?"

No filme: Esther aparece logo na primeira cena, desembarcando no Rio de Janeiro, juntamente com Oswaldo Cruz e sua família. Eles não se conhecem.

A atriz Carolina Kasting é a personagem Esther. Jovem, magra, ruiva, seus cabelos são longos e, ao desembarcar, só sabe falar iídiche.

Comentário: no livro, no momento em que Esther é mencionada a primeira vez, Oswaldo Cruz está partindo do Rio de Janeiro em direção à França, para realizar pesquisas no Instituto Pasteur. Já o filme não mostra a viagem de partida de

Oswaldo Cruz, mas seu regresso. O espectador não sabe de onde ele está vindo.

No livro: a segunda referência a esta personagem acontece na página 105: "Passas [Oswaldo Cruz] por um grupo de mulheres de má vida: algumas mulatas, outras indiáticas – e uma ruiva, de tipo eslavo. Uma polonesa, sem dúvida, ou russa: uma judia, das chamadas talmudistas. Esta, evidentemente, não teve sorte; outras, igualmente trazidas da Europa Oriental, passam por francesas em bordéis de luxo. Ela, magra, já começa a definhar: tuberculose, decerto. Parece-te conhecida; não será aquela Esther do navio que com o teu cruzou, quando ias para a França? Talvez. Apesar de tua curiosidade, não podes perguntar: corres o risco de receber como resposta uma torrente de impropérios e palavrões".

No filme: Esther chega a conhecer Oswaldo Cruz, chegando a se voluntariar para receber a vacina contra a peste bubônica, doença que mata sua única amiga, também polonesa, que a acolhe no bordel onde ambas trabalham, no Rio de Janeiro.

Comentário: Até este momento do livro, Esther mal sabe da existência de Oswaldo Cruz e vice-versa. No filme, no entanto, ambos são apresentados em narrativas paralelas: enquanto Oswaldo Cruz luta pela obrigatoriedade da vacina no Rio de Janeiro e inicia sua ascensão política, Esther entende rapidamente que a promessa de casamento com um judeu brasileiro não passava de uma mentira para tirá-la da Polônia. Instalada logo num bordel, Esther torna-se protegida do chefe de polícia, Dr. Cardoso de Castro, e consegue abrir sua própria casa de prostituição.

Enquanto no livro Esther é uma personagem secundária, de pouca expressão, no filme ela é protagonista e sua história é bastante enriquecida com detalhes inexistentes no romance.

No livro: a terceira vez em que Esther é mencionada, na página 129, ela já esteve envolvida com Amaral, típico malandro carioca. Ele pede sua ajuda para vingar-se de Oswaldo Cruz, sanitarista que, para combater a febre amarela, inicia uma campanha de extermínio aos ratos, portadores das pulgas transmissoras da doença. Para incentivar a adesão da população, Oswaldo Cruz propõe ao governo que pague uma recompensa aos que trouxessem ratos aos postos de saúde. Como Amaral foi denunciado a Oswaldo Cruz, por ter criado ratos em uma fazenda e vendê-los ao governo, imagina que Esther também tenha seus motivos para desejar a decadência política de Oswaldo Cruz, uma vez que ela foi obrigada a deixar sua casa de prostituição em função da reforma urbana de Pereira Passos, para sanear o Rio de Janeiro. Amaral quer que Esther, por ser "talmudista", entre em contato com a poderosa família Rotschild, que emprestou dinheiro ao governo carioca, e desqualifique o sanitarista.

No filme: Esther torna-se proprietária de uma casa de prostituição de luxo e deixa de atender os clientes, salvo raríssimas exceções. No entanto, quando é flagrada pelo chefe da polícia com Amaral, deixa de ter a proteção do primeiro e assim inicia-se sua vertiginosa decadência. Nesta altura do filme, Esther já domina o português, embora mantenha forte sotaque. Ela parte para o baixo meretrício e consegue encontrar moradia no bar do português no Morro da Saúde, onde revoltosos iniciam uma verdadeira guerra civil, contra a obrigatoriedade da vacina.

Comentário: Esther continua tendo muito mais destaque no filme que no livro. Sua trajetória é pormenorizada na versão cinematográfica: sua chegada ao Brasil, a dura aprendizagem da língua portuguesa, sua iniciação sexual, suas ascensão e queda. No livro, suas aparições funcionam como mero detalhe, uma espécie de pano de fundo para ilustrar outro aspecto da época em que Oswaldo Cruz, o protagonista, é convidado pelo governo para combater a febre amarela, a varíola e a peste bubônica.

No livro: na quarta aparição de Esther, na página 161, ela conta a Prata Preta, um dos líderes da revolta da vacina, sua história: "Um dia – eu tinha treze anos – minha mãe me pegou em flagrante com um rapaz da aldeia [na Polônia]. Era um bom rapaz, aprendiz de ferreiro.... Ela não quis saber de nada, me amaldiçoou, disse que eu pagaria caro. E caro eu paguei, Prata Preta. Caí na armadilha de um cáften, um bandido que me tirou de casa e me botou na vida. Tudo o que eu queria era juntar um dinheiro e voltar para minha gente.... Eu, rica, a minha mãe me perdoaria, tenho certeza..."

No filme: Esther chega ao Rio de Janeiro, esperando conhecer seu futuro marido. Só entende que foi enganada quando chega ao endereço que tinha em mãos desde sua partida da Polônia e entende que lá funcionava um bordel. É violentada pelo cafetão e duramente castigada quando tenta fugir. Na versão fílmica Esther protagoniza a história das "polacas", isto é, das mulheres provenientes das populações mais pobres da Europa Central, em busca de um casamento prometido. Tratava-se, na verdade, de um comércio clandestino de mulheres que, sem dinheiro para a passagem de volta, eram obrigadas a permanecer no Brasil, sobrevivendo da prostituição.

Comentário: a versão fílmica difere da do romance: enquanto no filme Esther é vítima o tempo todo e poupa o pai da realidade em que vive, inventando nas cartas que lhe escreve detalhes de sua vida de esposa, no livro a figura paterna nem é mencionada. Apenas a mãe é lembrada, com certa amargura, como se a praga que tivesse rogado fosse a causa de sua vida de prostituta no Brasil.

No livro: a quinta e última referência a Esther acontece na página 183, quando Oswaldo Cruz embarca para a Alemanha, para uma conferência. No mesmo navio, mas na segunda classe, está Esther, com quem o sanitarista não teve nenhum contato: "Ela está voltando para sua terra; tísica, quer morrer junto a seus pais, que nada sabem sobre a existência degradada que levou no Brasil. Lá, porém, não chegará: doente, morrerá durante a travessia; e, uma noite, seu corpo, enrolado em um oleado, será lançado, com um baque surdo, às águas".

No filme: Esther participa como uma espécie de enfermeira na guerra contra a vacina. Perdoada mais tarde pelo chefe da polícia, passa a ser novamente protegida por ele e tudo indica que mais uma vez inaugurará uma casa de prostituição, da qual Esther será a proprietária.

Comentário: o livro narra o insucesso de Esther. Sua morte no navio, a caminho de casa, reforça o sentimento de traição que ela e seus familiares sofreram. Ela mal consegue se adaptar ao Brasil, apesar de ter aprendido o português. Já o filme inventa uma Esther que não adoece, que aprende a lidar com a malandragem carioca e com a vaidade masculina. Sua adaptação parece muito mais fácil que no romance. Nas cartas que escreve ao pai, imagina conseguir trazê-lo para visitá-la e conhecer o Brasil, sem fazer nenhuma referência ao desejo de regressar ao país de origem.

No livro: Esther não é representada como vítima do comércio ilegal de mulheres provenientes da Europa Central, que se prostitui mal chega ao Brasil. Embora tenha se prostituído assim que desembarca no Rio de Janeiro, ela não tinha a ilusão de que teria um noivo à sua espera. Na narrativa, Esther parece saber qual era o destino que a aguardava, desde o início.

No filme: Esther não desconfiava, ao desembarcar no Rio de Janeiro, que não era um noivo que a esperava, mas o dono de um bordel. Demora a aceitar a idéia de que, no lugar de se tornar esposa e mãe de família, estava entrando no ramo da prostituição internacional. Ao longo do filme, escreve cinco cartas ao pai, nas quais narra as conquistas do casal que nunca existiu, como se assim exorcizasse as dificuldades pelas quais estava passando.

Comentário: enquanto o filme ficcionaliza e dá muito mais destaque à personagem feminina, o livro tem como único protagonista o médico e sanitarista Oswaldo Cruz. A personagem Esther de *Sonhos Tropicais* (filme) parece ter sido inspirada na personagem homônima de *O ciclo das águas*, outro romance de Moacyr Scliar. Neste texto, Esther também parte da Polônia com a proposta (falsa) de um casamento e instala-se em um bordel de Porto Alegre.

Parece que o filme *Sonhos Tropicais*, para ser mais interessante ao público, construiu uma personagem baseada não só no que já se pesquisou sobre a vinda e permanência das polacas ao Brasil, mas também na ficção do próprio Moacyr Scliar. Não deve ser mero acaso que ambas as personagens, de dois romances aqui citados, isto é, de *Sonhos Tropicais* e de *O ciclo das águas*, tenham o mesmo nome, a mesma origem e praticamente o mesmo destino: a Esther de *Sonhos Tropicais* morre no navio que a levaria de volta à Europa e a Esther de *O ciclo das águas* envelhece num asilo, sem reconhecer ninguém, nem mesmo o filho que a visitava assiduamente.

Outros exilados

Eles mal são representados no filme, ao contrário do livro:

No filme: não há referências a outros exilados, apenas a Esther e a outra polaca, de quem se torna amiga inseparável.

No livro: encontram-se duas referências aos imigrantes, aqui entendidos como exilados. A primeira, na página 42, onde se lê: "Sim, os emigrantes estavam chegando, Oswaldo [Cruz], naquele ano de 1896. Os alemães, os italianos, os portugueses, os eslavos, os judeus. Vinham para a Ilha das Flores, de onde se espalhariam por todo o Brasil, procurando trabalho nas fazendas, nas fábricas, no comércio ambulante. Vestiam ainda as pesadas, escuras roupas que haviam trazido da Europa. Mesmo à distância podias perceber a ansiedade em seus rostos. [...] Mas havia esperança, também, no olhar daquela gente. De certa maneira, refaziam o trajeto de Colombo e Cabral: vinham em busca de novas terras, de uma nova vida. Para trás, deixavam países dilacerados por conflitos nacionais, a miséria, o frio, a melancólica paisagem do inverno europeu; encontravam o sol e o calor do trópico."

A segunda e última referência ao "outro" localiza-se na página 46. Desta vez, é o olhar do europeu que interpreta o brasileiro, recém-chegado na França. Trata-se de Oswaldo Cruz, quando vai a primeira vez ao Instituto Pasteur. O trecho a seguir é o diálogo entre Vibert e Ogier, que o recebem, assim que Oswaldo Cruz surge à porta do famoso Instituto: "– [...] Sim, a tez é pálida, como esperaria num homem de laboratório – não é num laboratório que veio estagiar"? – mas nota-se nela um discretíssimo bronzeado, marca registrada do sol do trópico.

Vibert, desconcertado:

"– Mas ele não parece brasileiro, Ogier. Desculpa, mas não parece. Por exemplo: tem o ar pensativo. Os do trópico não têm ar pensativo. Não pensam muito, lá. Compreende-se: por que haveriam de pensar muito, se o sol brilha num céu azul, se as ondas de um mar cor de esmeralda quebram em praias de areia muito branca, se os coqueiros, agitados pelas brisas, deixam cair cocos na areia e se, além disto, há bananas?"

Comentário: o livro, muito mais que o filme, mostra não somente a chegada dos exilados europeus ao Brasil, mas também a estranheza que os brasileiros causam quando se instalam, ainda que temporariamente, no Velho Continente. Por ser o próprio Moacyr Scliar descendente de família de exilados, não deve ser mero acaso que também nas suas demais obras o exilado seja um dos seus temas. Embora tenha localizado apenas duas referências ao exilado em *Sonhos Tropicais* (livro), é importante destacar que Scliar, neste caso, trabalhou em mão dupla: em um primeiro momento, o olhar do brasileiro sobre os europeus que chegam ao nosso país e, num segundo, o olhar dos franceses sobre o brasileiro que chega na Europa.

Os exilados, quando chegam ao Brasil, segundo Scliar, são interpretados como sujeitos esperançosos. Deixaram as perseguições e o céu cinzento e, mesmo sem saberem o que o destino lhes reservava em nosso país, alegravam-se com a mera presença do céu azul.

É interessante observar que Scliar, na sua mais recente obra publicada *O texto, ou: a Vida – Uma trajetória literária* (2007, p.28), volta a repetir a mesma idéia: "Para estas pessoas (os grupos migratórios) o Brasil era um paraíso. E por que era um paraíso? A esta pergunta, os imigrantes davam respostas inesperadas. 'Porque o Brasil tem sol', diziam, 'porque o céu aqui é azul': coisas que maravilhavam gente vinda de regiões caracterizadas por um longo e tenebroso inverno."

Já o brasileiro, quando chega à Europa, é visto como um sujeito pouco propenso a assuntos sérios. Trata-se do preconceito de que o Brasil, por ser tropical e, portanto, de clima quente, não pode produzir pensadores ou pesquisadores. O mesmo céu azul que enche os olhos do exilado no Brasil, imprime-lhe uma marca de pouca seriedade quando este vai à Europa, mesmo quando a convite profissional, como ocorreu com Oswaldo Cruz.

Representação do Brasil

No filme: o Brasil descrito por Esther, nas cinco cartas que escreve ao pai, é um país cheio de oportunidades; basta ter força de vontade.

Na primeira carta, aos 34' do filme, Esther conta que: "A vida na América é de fortuna. No Brasil todos se esbaldam, tamanha é a providência. Oportunidades não faltam. Minha sorte é o motivo principal dessa carta. Agora sei que o sr. Gustav Silberman é mesmo um homem que merece meu respeito e obediência. Gustav conseguiu licença para plantar em terra que em pouco tempo será dele. A terra que queremos nossa, para criarmos filhos".

Na segunda carta, aos 51' do filme, Esther continua otimista: "Agora eu e meu marido temos nosso próprio negócio. Tenho fé em nossa capacidade de trabalho. Sigo os preceitos como sempre. E oro todo dia por vê-lo. Temos planos de dar-lhe um neto. Ou vários".

Na terceira carta, aos 64', o tom já é menos otimista: "Querido pai: assim nossa vida segue na mesma. Já não tenho ilusões quanto à América, ou pelo menos o Brasil. Trabalhamos, trabalhamos e não saímos do lugar. Minha sorte foi ter encontrado Gustav e juntos partilharmos da vida com nossa gente. São tolerantes os cristãos dessa terra e assim podemos praticar nosso culto e seguir nossas tradições. Só isso me conforta, a força de Israel. Acredita nisso, meu pai? Sei que sim…".

Na quarta carta, aos 96', Esther inventa um relato ainda mais pessimista: Querido pai: as coisas andaram um pouco difíceis por aqui, razão pela qual não pude escrever. Tivemos que nos mudar de casa. Ainda não é o que gostaríamos, mas é um começo. Podemos trabalhar e seguir com a vida."

Na última carta, perto do final do filme, aos 124', Esther recupera o ânimo: "Querido papai: hoje estou radiante. Os negócios vão de vento em popa. Já conversei com o Gustav e penso que, em breve, poderei enviar algum dinheiro para que venha conhecer o Brasil. É uma terra de milagres".

No livro: Esther não escreve cartas e é quase uma voz que não se ouve na narrativa. O Brasil que aparece no livro resume-se ao Rio de Janeiro de 1890 e dos primeiros anos do século XX, quando havia revoltas contra a obrigatoriedade da vacina e inúmeras doenças por falta de saneamento básico.

Comentário: a sociedade que se mostra é a urbana, em que homens e mulheres freqüentavam lugares distintos: a elas, era permitido o ambiente privado; a eles, o público, notadamente as ruas, os bares e os bordéis.

Embora o trecho a seguir já tenha sido citado no item anterior "Outros exilados", o diálogo, no livro, entre os dois cientistas franceses sobre a aparência de Oswaldo Cruz assim que ele chega em Paris deve ser relembrado: "Os [pesquisadores provenientes] do trópico não têm ar pensativo. Não pensam muito, lá. Compreende-se: por que haveriam de pensar muito, se o sol brilha num céu azul, se as ondas de um mar cor de esmeralda quebram em praias de areia muito branca, se os coqueiros, agitados pelas brisas, deixam cair cocos na areia e se, além disto, há bananas?".

Neste momento é importante salientar que Moacyr Scliar recuperou nesta passagem a visão eurocêntrica que se tinha sobre o Brasil: o de um país tropical, onde, graças ao clima quente e à paisagem exótica, não é possível fazer ciência.

Considerações Finais

Afinal de qual identidade este texto trata? Da política? Da religiosa? Da cultural? Da familiar? De gênero?

Trata-se, na verdade, da mistura de todas elas. A Esther de *Sonhos Tropicais*, em certa medida, lembra a queixa de Agnes Heller, reproduzido por Bauman: a de que sendo mulher, húngara, judia, norte-americana e filósofa, estava sobrecarregada de identidades demais para uma só pessoa. (BAUMAN, 2005, p.19)

Nossa Esther é ao mesmo tempo mulher, polonesa, judia, brasileira e prostituta. Na versão do livro, embora esteja de corpo presente no Brasil, pensa sempre na Polônia e quando para lá se encaminha, morre no meio do trajeto. Tal morte, real no romance, pode ser entendida metaforicamente. Tendo se estabelecido no Brasil, aprendido o português e as artes do erotismo, não lhe era mais possível voltar ao seu estado original, portanto, ao seu país natal, ao seu idioma e à sua cultura. A Esther que desembarcou no Rio de Janeiro é diferente da Esther que lá embarcou.

O mesmo se pode dizer da Esther na versão cinematográfica. Desde o início da história, ela não pensa mais na Polônia como seu lugar; ao contrário, quer trazer seus pais, que ainda estão lá, ao Brasil, sem deixar claro se seria apenas uma visita ou uma mudança definitiva. A Esther em película não morre, mas pretende matar sua "parte polonesa", quando deixa de escrever cartas aos pais em iídiche, quando se envolve com a população local com a revolta da vacina, quando aprende a falar, em português, frases excitantes aos seus clientes. Escrevi "pretende matar" propositadamente, pois ela não é bem-sucedida na aniquilação da sua parte polonesa. O máximo que faz é tornar-se híbrida: seu sotaque, seu tipo físico, suas lembranças, sempre trairão sua primeira identidade nacional (e, portanto, política). Além disso, a protagonista, em nenhum outro momento, abriu mão de sua identidade religiosa, o que a faz mais próxima da sua origem, do que da vida no Brasil.

Se concordarmos com Bauman que "estar total ou parcialmente 'deslocado' em toda parte, não estar totalmente em lugar algum, pode ser uma experiência desconfortável, por vezes perturbadora, pois sempre há alguma coisa a explicar, desculpar, esconder ou, pelo contrário, corajosamente ostentar, negociar, oferecer, barganhar" (BAUMAN, 2005, p. 19), veremos que Esther encarna com perfeição esta descrição, tanto na versão em papel, quanto na em película.

Mais do que ostentar, Esther tenta esconder, mas como ela chama a atenção desde o princípio por sua aparência e procedência, não consegue deixar de ser vista. E assim, devagarinho, vai minguando. Esther deixou para trás a sua cidadezinha, onde cada um conhecia seu papel e nele se reconhecia desde o nascimento até a morte, onde, tampouco, também não era necessário negociar nada.

Se também adotarmos a idéia de Bauman de que a partir da revolução dos transportes e da redução do poder aglutinador das vizinhanças é que a noção de identidade passou a ser vista como um problema (BAUMAN, 2005, p.24), veremos, mais uma vez, que também nisso a descrição de Esther se encaixa muito bem. Tanto na versão impressa, quanto na do filme, ela só passa a ter crise identitária quando se tornou possível viajar oceano afora, vindo ao Brasil de navio. Não fossem possíveis ainda tamanhos deslocamentos, provavelmente Esther jamais teria sonhado em conhecer uma terra da qual, supostamente, nunca teria ouvido falar.

Penso que pude mostrar por meio dos exemplos citados e apoiada nos referenciais teóricos que, para a Esther do livro, e por extensão aos demais exilados da obra de Scliar, diferentemente do famoso jargão sionista, em língua inglesa, "let my people go", seria muito mais pertinente e tranqüilizador adaptá-lo para "let my people stay".

Referências Bibliográficas

BAUMAN, Zygmunt. *Identidade*. Rio de Janeiro: Zahar, 2005.

SAID, Edward. *Reflexões sobre o exílio e outros ensaios*. São Paulo: Companhia das Letras, 2003.

SCLIAR, Moacyr. *(O ciclo das águas)*. São Paulo: Círculo do Livro, 1976.

_____. *Sonhos tropicais*. São Paulo: Companhia das Letras, 1992.

TODOROV, Tzvetan Todorov. *O homem desenraizado*. Rio de Janiero: Record, 1999.

Referência Fílmica

Sonhos Tropicais (baseado no romance homônimo de Moacyr Scliar). Pandora Filmes, 2002. Diretor: André Sturm; Roteiro: Fernando Bonassi; Duração: 126 minutos.

Uma reflexão sobre a cidadania a partir de documentos de um grupo escolar de Itapetininga na República Velha

Paulo Rogério Stella

Introdução

> *Yo no miro al mundo com mis proprios ojos y desde mi interior, sino que yo me miro a mi mismo con los ojos del mundo; estoy poseído por el otro*
>
> BAJTÍN, 1924/1997, p.147

Este artigo faz parte do trabalho de pesquisa em nível de doutoramento referente ao acervo de documentos da atual E.E.P.S.G. Dr. Peixoto Gomide em Itapetininga. A escola foi fundada pelo então Governador do Estado Dr. Bernardino de Campos no ano de 1894, logo após a Proclamação da República dos Estados Unidos do Brasil em 1889. O corpus de pesquisa se constitui de cartas e ofícios do diretor da escola, Professor Pedro Voss, escritos entre 1905 e 1911.

Essas cartas estão registradas nos livros de registro da correspondência da escola, perfazendo um total de 7 livros com 648 cartas. As cartas tratam de assuntos referentes ao funcionamento da escola e se destinam à comunicação com os órgãos públicos do Estado, por exemplo, a Secretaria dos Negócios e da Justiça, responsável pela instrução pública; a Biblioteca do Estado, responsável pela remessa de livros à escola; a Farmácia do Estado, responsável pelo envio de material de higiene; etc. Os assuntos tratados na correspondência são os seguintes:

Assuntos	Quantidade de cartas
Avisos	166
Consultas	16
Felicitações	02
Informes	02
Pedidos	214
Remessas	248
Total	648

A questão tratada neste artigo é sobre o uso de designativos apresentados nas cartas quando da referência aos professores e às professoras. Em 100% dos casos em que há referência a um professor, o designativo "cidadão" acompanha o nome próprio. O mesmo designativo não ocorre em nenhum caso em que o nome próprio é feminino. Aparece nesse caso o título "professora", o nome próprio e a disciplina ministrada. Um exemplo disso pode ser visto na carta abaixo de 11 de janeiro de 1905:

> 11 Janeiro 5.
>
> Illustre Cidadão
>
> Estando pela Lei do Orçamento do corrente exercicio creados, nas Escolas Complementares, os logares de professores contractados de musica e prendas domesticas, e tendo sido resolvida a installação da officina de torno e marcenaria, tenho a honra de propor-vos para esses cargos nesta Escola, **a professora D. Olivia Prestes, para prendas domesticas, e os Cidadãos Oristano Bifone e Henrique Carneiro Soane, aquele para professor de musica e este para professor de torno e marcenaria.** Proponho-vos tambem para o cargo de amanuense e secretario, o Cidadão Gustavo Milliet.
>
> Saúde e Fraternidade.
>
> Ao Illustre Cidadão Dr. José Cardoso de Almeida
>
> D. D. Secretario dos Negocios do Interior e da Justiça

Ilustração 1 - Carta do dia 11 de Janeiro de 1905

Segundo Bakhtin/Volochinov (1929/1988), existem dois estágios no processo de construção do sentido: um considerado inferior e outro superior. Ao estágio inferior correspondem os sentidos estáveis, já cristalizados pelo uso. O exemplo clássico do autor para esse estágio do processo de significação são as palavras em estado de dicionário. Os dicionários constituem inventários de palavras cujos sentidos são captados em um determinado tempo e espaço e fixados. Segundo o autor, a tentativa de fixação do sentido das palavras ocasiona sua morte.

Em oposição ao sentido dicionarizado da palavra, o autor discute o sentido da palavra viva, que circula livre e concretamente. Ou seja, além do significado estável, o uso da palavra por um sujeito situado em um tempo e em um espaço concretos preenche a palavra com nuances de significado determinadas por temas sociais circulantes no momento do uso dessa palavra. A esse encontro e discussão dos temas sociais circulantes na palavra e aos novos significados decorrentes disso, o autor chama de estágio superior de significação.

Além desse fenômeno temático constitutivo da significação, outro aspecto denominado de refração de sentido se apresenta na circulação da palavra e dos temas. A cada uso individual da palavra, os temas circulantes presentes aparecem. Contudo, a existência de um sujeito situado historicamente, que utiliza a palavra, provoca pequenas alterações nos significados, em decorrência não somente da experiência individual, mas também do seu projeto discursivo, além da sua percepção do interlocutor.

Esse processo de refração tem duas conseqüências principais, uma de cunho geral e outra individual. No âmbito geral, as pequenas alterações, quando aceitas por outros, incorporam-se no significado da palavra, modificando-a paulatinamente. E, no âmbito individual, as pequenas nuances de significado ocasionadas pelo uso da palavra por um sujeito concreto em uma situação real tornam o sujeito autor de sua própria fala. A palavra coletiva e geral, torna-se marca individual do sujeito, caracterizando sua identidade.

Essas rápidas reflexões acerca da circulação da palavra, feitas a partir do fenômeno observado nas cartas, remete-nos às seguintes perguntas de pesquisa que pretendemos investigar neste artigo:

1. No contexto da carta do diretor da escola de Itapetininga, o que significa ter ou não o título de "cidadão" antes do nome?

2. Quais os temas circulantes na palavra "cidadão" dentro daquele contexto?

3. Existe algum tipo de refração de sentido, que pode ser captada, na colocação por parte do diretor do título "professora" antes do nome feminino?

O tratamento das perguntas de pesquisa e do material lingüístico da carta será feito observando-se o que Bakhtin/Voloshinov (1929/1988) chama de estudo da língua viva, em funcionamento. Ou seja, para a captação desse funcionamento é necessário observar as formas da língua considerando-se o contexto concreto de circulação dessas formas e os processos de interação em que a língua se realiza. Nas palavras do autor,

> a ordem metodológica para o estudo da língua deve ser o seguinte: 1. As formas e os tipos de interação verbal em ligação com as condições concretas em que se realiza. 2. As formas das distintas enunciações, dos atos de fala isolados, em ligação estreita com a interação de que constituem os elementos, isto é, as categorias de atos de fala na vida e na criação ideológica que se prestam a uma determinação pela interação verbal. 3. A partir daí, exame das formas da língua na sua interpretação lingüística habitual. (BAKHTIN/ VOLOSHINOV, 1929/1988, p.127)

A partir dessa ordem metodológica, propomos o tratamento da carta com base na seguinte seqüência de análise:

1. Levantamento do contexto histórico e da circulação do sentido de "cidadão" com base na Constituição dos Estados Unidos do Brasil, promulgada em 1891, em funcionamento até o Estado Novo e o conseqüente reflexo disso nas disciplinas de formação civil e política, presentes no programa de ensino no grupo escolar no período de escrita da carta;

2. Discussão do funcionamento da linguagem a partir do tratamento dado à língua no programa de ensino em relação à cidadania, em decorrência daquilo que é determinado pela Constituição. Cabe nesse momento uma palavra: durante o processo de análise discursiva trataremos de algumas classes de palavras e de seu funcionamento sintático. Para tanto, utilizaremos as designações existentes de sujeito, verbo, objeto, etc., que são instituídas para os termos, com o objetivo do estabelecimento de uma linguagem comum, sem, no entanto, ficarmos restritos à simples análise gramatical;

3. Levantamento dos possíveis sentidos decorrentes do uso dos termos "cidadão" e "professora" para o período em questão e conseqüente discussão dos possíveis temas sociais refletidos e circulantes nesses sentidos estabelecidos a partir da análise da circulação dos materiais;

4. Discussão dos possíveis processos de refração social dos temas nos dois designativos em questão, utilizados na carta do diretor da instituição de ensino de Itapetininga.

Antes de iniciarmos as discussões, vale uma menção às datas de escrita da carta, que é de janeiro de 1905, e de estabelecimento do programa de ensino, que é de abril de 1905. A análise enfoca o programa de ensino em primeiro lugar e depois da carta. A primeira razão para essa inversão é fato de que a carta é representativa do *corpus*. Portanto, a mesma ocorrência da ordem dos designativos pode ser constatada em quaisquer outras cartas até o ano de 1911 quando encerra o arquivo. Em segundo lugar, o programa de ensino de 1905 é idêntico ao de 1904, com exceção da organização das disciplinas, o que determina poucas diferenças nos processos de ensino da escola. E, por último, as disciplinas observadas no programa de formação civil e política dos alunos possuem ligação direta com a ordem política e com os valores em circulação a partir da promulgação da Constituição em 1891, o que é anterior tanto à escrita das cartas quanto ao funcionamento dos dois programas de ensino: de 1904 e de 1905.

A Constituição Republicana e o cidadão republicano

A Proclamação da República no ano de 1889 marca o início de um período de reformas. Em âmbito nacional, umas das principais reformas é a promulgação da Constituição da República dos Estados Unidos do Brasil em 24 de fevereiro de 1891. A constituição republicana deveria anunciar grandes inovações na história política e social do Brasil República, contudo, segundo Carvalho (1987), a Constituição traz poucos avanços em relação àquela feita no Brasil Império. No que se refere ao cidadão e à cidadania, a constituição republicana diz o seguinte:

> **TÍTULO IV**
>
> **Dos Cidadãos Brasileiros**
>
> **SEÇÃO I**
>
> **Das Qualidades do Cidadão Brasileiro**
>
> Art.69 – São cidadãos brasileiros:
>
> 1º) os nascidos no Brasil, ainda que de pai estrangeiro, não, residindo este a serviço de sua nação;
>
> 2º) os filhos de pai brasileiro e os ilegítimos de mãe brasileira, nascidos em país estrangeiro, se estabelecerem domicílio na República;
>
> 3º) os filhos de pai brasileiro, que estiver em outro país ao serviço da República, embora nela não venham domiciliar-se;
>
> 4º) os estrangeiros, que achando-se no Brasil aos 15 de novembro de 1889, não declararem, dentro em seis meses depois de entrar em vigor a Constituição, o ânimo de conservar a nacionalidade de origem;
>
> 5º) os estrangeiros que possuírem bens imóveis no Brasil e forem casados com brasileiros ou tiverem filhos brasileiros contanto que residam no Brasil, salvo se manifestarem a intenção de não mudar de nacionalidade;
>
> 6º) os estrangeiros por outro modo naturalizados.
>
> Art.70 – São eleitores os cidadãos maiores de 21 anos que se alistarem na forma da lei.
>
> § 1º - Não podem alistar-se eleitores para as eleições federais ou para as dos Estados:
>
> 1º) os mendigos;
>
> 2º) os analfabetos;
>
> 3º) as praças de pré, excetuados os alunos das escolas militares de ensino superior;
>
> 4º) os religiosos de ordens monásticas, companhias, congregações ou comunidades de qualquer denominação, sujeitas a voto de obediência, regra ou estatuto que importe a renúncia da liberdade Individual.

Ilustração 2 - Constituição de 1891

Observa-se que a Constituição Republicana abre espaço para duas categorias de cidadãos: a primeira categoria é constituída por cidadãos com plenos direitos civis e políticos e a segunda é constituída por cidadãos com direitos civis, mas não políticos. Isso acontece porque os mendigos, os analfabetos, os praças de pré e os religiosos não têm direito ao voto nas eleições, distanciando-os do que seria a plena atuação cidadã no Estado. Considerando que uma grande parcela da população era analfabeta e pobre; e que essa população analfabeta e pobre era constituída principalmente por negros, mestiços e mulatos e, mais tarde, por imigrantes, o resultado desse artigo da Constituição é que poucos cidadãos conquistavam os plenos direitos civis e políticos.

> O espírito das mudanças eleitorais republicanas era o mesmo de 1881, quando foi introduzida a eleição direta. Até esta última data, o processo indireto permitia razoável nível de participação no processo eleitoral, em torno de 10% da população total. A eleição direta reduziu este número para menos de 1%. Com a República houve aumento pouco significativo para 2% da população. (CARVALHO, 1987, p. 43)

Apesar da Constituição não fazer menção à condição da mulher, Carvalho (1987) infere que ela se encontra na segunda categoria de cidadãos juntamente com os mendigos, analfabetos e pobres em geral. A reflexão é simples: a mulher não tem direito ao voto (só lhe é possível votar a partir do Estado Novo), por isso, não conquista os plenos direitos de cidadania republicana, o que a torna cidadão de segunda categoria e restringe seu acesso à plena cidadania.

A Constituição Republicana e a instrução pública

No que se refere à instrução pública, a Constituição Republicana diz, no capítulo IV, Das Atribuições do Congresso, artigo 35, que

> Incumbe, outrossim, ao Congresso, mas não privativamente: 1º) velar na guarda da Constituição e das leis e providenciar sobre as necessidades de caráter federal; 2º) animar no País o desenvolvimento das letras, artes e ciências, bem como a imigração, a agricultura, a indústria e comércio, sem privilégios que tolham a ação dos Governos locais; 3º) criar instituições de ensino superior e secundário nos Estados; 4º) prover a instrução secundária no Distrito Federal.

Nesse contexto, a Constituição Republicana pouco fala sobre a instrução pública de cunho elementar. De acordo com Nagle (1997), o governo federal se exime da responsabilidade da instrução pública primária e geral, deixando isso a cargo dos estados. O autor afirma que

> continua a vigorar, de fato, a interpretação que vinha desde o Ato Adicional (1834)[1], segundo a qual compete à União fixar os padrões da escola secundária e superior, enquanto os da primária e técnico-profissional competem aos Estados (competência privativa). (NAGLE, 1997, p. 266)

Uma "Reforma Geral da Instrução Pública do Estado de São Paulo" (REIS FILHO, 1995, p.46) com a nomeação do Dr. Antônio Caetano de Campos em 13 de janeiro de 1890 para Diretor da Escola Normal de São Paulo e a regulamentação da instrução pública pelo decreto de n. 27 de 12 de março de 1890 instauram o processo de organização da educação no Estado de São Paulo. O curso normal, para a formação de professores, oferecido pela Escola Normal de São Paulo passa de oito para dez cadeiras[2] distribuídas em três anos. Cria-se a Escola-Modelo anexa à Escola Normal para os Exercícios Práticos de Ensino, matéria ministrada no terceiro ano do curso, visando à prática de ensino dos mestres-escolas sob a orientação, observação e instrução de um professor-diretor.

> Com o pessoal contratado, com o apoio demonstrado pela alta administração, pôde Caetano de Campos abrir a matrícula, que, com grande dificuldade, preencheu as duas classes [seção masculina e feminina]. A reforma do prédio, na Rua do Carmo, em anexo à Ordem Terceira do Carmo, e a compra do material que precisou ser encomendado nos Estados Unidos, adiaram a instalação das duas classes da Escola-Modelo. Só em 26 de junho, finalmente, foi solenemente inaugurada, com a presença de Prudente de Morais, a primeira escola paulista de ensino renovado. (REIS FILHO, 1985, p. 58)

A Escola Normal "foi instalada definitivamente em edifício especialmente construído para abrigar uma escola, situado na Praça da República"[3] (MONARCHA,

---

1 Art. 10. Compete às mesmas assembléias [estaduais] legislar: 2º) Sobre instrução pública e estabelecimentos próprios a promovê-la, não compreendendo as faculdades de Medicina, os cursos jurídicos, academias atualmente existentes e outros quaisquer estabelecimentos de instrução que, para o futuro, forem criados por lei geral. (Fonte: LEI N. 16 Ato Adicional à Constituição do Império. (12 ago. 1834)
2 Primeiro Ano: Português, Aritmética, Geografia e Cosmografia, Exercícios Militares – seção masculina, Prendas e Exercícios Escolares – seção feminina, Caligrafia e Desenho; Segundo Ano: Português, Álgebra e Escrituração Mercantil – seção masculina, Geometria, Física e Química, Ginástica, Música, Desenho, Economia Doméstica e Prendas – seção feminina; Terceiro Ano: História do Brasil, Biologia, Educação Cívica e Economia Política, Organização das Escolas e sua Direção, Exercícios Práticos. (Fonte: REIS FILHO, 1985:52-53)
3 De acordo com Monarcha (1999:13), a Escola Normal teve várias 'fundações', "sua primeira fundação deu-se em

1999, p.13) em 1894. Com a Escola Normal de São Paulo, a cidade de São Paulo constitui-se em um centro formador de professores tanto para suprir as escolas estabelecidas na cidade quanto para as escolas no interior do Estado.

A Escola Modelo anexa à Escola Normal torna-se um ponto forte na formação dos professores para a instrução pública primária pela obrigatoriedade da prática de ensino nessa instituição, como requisito para a obtenção do diploma de professor e sua conseqüente habilitação para o magistério nas escolas públicas.

Monarcha (1999) faz uma analogia entre a iluminação na cidade de São de Paulo e a iluminação pelo conhecimento. Em estudo sobre a Escola Normal da Praça, em São Paulo, o autor diz que a cidade no final do XIX e início do XX cresce vertiginosamente. E a população vai se assentando em diferentes partes da cidade, de acordo com sua classe social. As regiões altas da cidade são as preferidas dos ricos. São lugares sofisticados, nos quais a elite intelectual, artística e burguesa paulistana se encontra e se reconhece. A iluminação pública, no estilo francês, chega a esses bairros da cidade, dando um tom amarelado às noites e oferecendo a oportunidade da circulação da população e das idéias também no instante em que não há luz natural. Em outras palavras, a cidade burguesa fervilha.

No lado oposto desse quadro encontram-se os trabalhadores das fábricas situadas nas partes baixas da cidade, por exemplo, o Bom Retiro e o Brás. Em condições subumanas, essa outra população de imigrantes e negros, sem o charme da *belle époque* paulistana, habita as encostas dos morros e as partes baixas. São pobres, doentes e analfabetos, trabalham muito, ganham pouco e, muitas vezes, passam fome. Moram em pequenos becos e cortiços escuros e fétidos. À noite, a iluminação pública não atinge essa parte da população.

Nascida na e para a burguesia paulistana, a Escola Normal de São Paulo de cunho positivista tem o objetivo da formação de professores nos ideais intelectuais e burgueses. Os professores formados devem instigar em seus pupilos o espírito da investigação, o interesse pelas ciências naturais e o desenvolvimento das habilidades motoras físicas e intelectuais. A Escola Normal republicana deve manter a luz acesa nas partes iluminadas da cidade.

Entretanto, a expansão da massa de pobres trabalhadores, ou desocupados, ameaça com a escuridão os bairros iluminados da cidade. Nesse contexto, a Escola Normal do início da República Velha ganha um novo objetivo que é o de aspergir a luz a essa massa da população não burguesa. Em outras palavras, os professores diplomados se estabelecem nos grupos escolares dos bairros afastados para neles divulgarem os ideais burgueses paulistanos, instruindo a população destituída e

---

1846: instalada em edifício contíguo à velha Sé Catedral, foi fechada em 1867. A segunda fundação deu-se em 1875: dessa vez funcionou em sala do curso anexo à Faculdade de Direito do Largo de São Francisco, para ser novamente fechada em 1878. A terceira e última fundação deu-se no ano de 1880: instalada conjuntamente com o Tesouro Provincial na rua da Imperatriz. Pouco tempo depois, em 1881, a Escola Normal foi transferida para um sobrado colonial na rua da Boa Morte, lá permanecendo até 1894, quando foi instalada definitivamente em edifício especialmente construído para abrigar uma escola, situado na Praça da República". (MONARCHA, 1999:13)

doente naquilo que é considerado adequado para os padrões paulistanos no início do século XX. Para se adequar a essa massa de aprendizes não somente a escola de instrução pública sofre várias reformas, mas também várias escolas são criadas em vários bairros da cidade e no interior do Estado.

A instrução pública e a escola de Itapetininga

Nesse processo de fomento da instrução pública no Estado de São Paulo, o governo do estado cria em decreto de n. 245 de 30 de julho de 1894 a Escola Normal de Itapetininga, considerada a primeira escola normal no interior de São Paulo. Entretanto a Escola Normal de Itapetininga somente recebe oficialmente essa denominação em 1911. Ao hiato de quinze anos entre a fundação da Escola Normal de Itapetininga em 1894 e o seu efetivo funcionamento com o nome de Escola Normal em 1911 segue um período de organização e reorganização do ensino público no Estado de São Paulo com influência direta e significativa na escola de Itapetininga.

Uma pesquisa nas Leis e Decretos do Estado de São Paulo até 1911 traz a seguinte informação, especificamente, nos decretos de fixação das despesas do Estado para o ano. Até a Lei n. 936, de 17 de agosto de 1904, que fixa a despesa e orça a receita para o ano financeiro de 1o de janeiro a 31 de dezembro de 1905, a escola chama-se "Escholas Complementar e Modelo de Itapetininga", indicando que além da instituição possuir uma escola de ensino complementar para a formação de alunos entre 11 e 14 anos, ela também tem uma escola modelo para formação de professores atuantes no ensino preliminar para alunos de 7 a 11 anos. Nota-se que, de acordo com a lei do orçamento do Estado, as duas únicas escolas que possuem a denominação de "Escholas Modelo" são a Escola Normal de São Paulo na Praça da República e a escola de Itapetininga.

A lei do orçamento de n. 984, de 29 de dezembro de 1905, chama a escola de "Eschola Complementar e Grupo Escholar de Itapetininga. A alteração da denominação da escola liga-se ao decreto de n. 930, de 30 de setembro de 1904, que equipara as escolas modelo do estado aos grupos escolares. Esse fato modifica o funcionamento da Escola Modelo de Itapetininga, porque a iguala às outras escolas do interior de São Paulo, por exemplo, o Grupo Escolar de Piracicaba, na formação de professores. O trecho do decreto está na página 28 do livro de Leis e Decretos do Estado de São Paulo, nos atos do Poder Legislativo, referentes ao ano de 1904. Diz a lei:

> **LEI N. 930 – DE 13 DE AGOSTO DE 1094**
> *Modifica varias disposições das leis em vigor sobre instrucção publica do Estado*
>
> O doutor Jorge Tibiraçá, Presidente do Estado de São Paulo,
> Faço saber que o Congresso Legislativo do Estado decretou e eu promulgo a lei seguinte:
> Artigo 1.º O ensino publico preliminar é ministrado:
> I em escholas ambulantes ;
> II em escholas isoladas situadas :
> a) em bairros ou districtos de paz ;
> b) na séde de municipios ;
> III nos Grupos Escholares ;
> IV na Eschola Modelo preliminar annexa á Eschola Normal da Capital.
> Artigo 2.º Com excepção da eschola annexa á Eschola Normal da Capital, todas as demais escholas modelo preliminares serão, para todos os effeitos, equiparadas aos grupos escholares.
> Artigo 3.º O ensino na eschola modelo e nos grupos escholares será distribuido por quatro annos.

Ilustração 3 - Lei de equiparação das Escolas Modelo aos Grupos Escolares

Com essa reforma da educação, criam-se duas possíveis situações: uma favorável à formação de professores no Estado e outra desfavorável à instituição de Itapetininga. Por um lado, a reestruturação da Escola Modelo de Itapetininga para Grupo Escolar a iguala aos outros grupos escolares, resultando na ampliação da possibilidade da formação de professores no estado pela possibilidade da prática de ensino preliminar (7 a 11 anos) em qualquer grupo escolar do Estado.

Por outro lado, o decreto retira a posição de destaque da escola de Itapetininga, única chamada de Escola Modelo e responsável pela formação dos professores atuantes no interior, além daquela anexa à Escola Normal de São Paulo. Esse fato determina o início da escrita das cartas. A leitura das cartas não somente nos informa que a instituição de Itapetininga segue rigidamente a lei e os decretos, mas também respeita a grande rigidez hierárquica estabelecida nas descrições das atividades tanto dentro da instituição quanto fora dela.

É em decorrência dessa leitura da cartas que também percebemos um movimento na escola de Itapetininga de formação da cidadania, que está em oposição ao proposto pela Constituição Republicana. Enquanto a Constituição exclui a mulher do processo de formação da plena cidadania e, portanto, dos cargos importantes nos escalões republicanos, o acesso de pessoas do sexo feminino tanto na função de professora quanto para a instrução preliminar e complementar, que correspondem à alfabetização e à formação de professores, é maior numericamente do que a dos homens, como podemos observar no quadro a seguir:

Funcionários	Quantidades
Funcionários sem estabelecimento de ensino claramente mencionado	03
Funcionários do Grupo Escolar	52
Funcionários da Escola Complementar	33
Funcionários da Escola Normal	06
Funcionários do Grupo Escolar e Escola Complementar	07

Ilustração 4 - Quadro de funcionários da escola de Itapetininga

Desse total, oitenta e sete funcionários são professores, distribuídos entre o Grupo Escolar e a Escola Complementar. Dos oitenta e sete professores, cinqüenta e três são professoras e trinta e quatro são professores. O número de professoras excede o de professores em quase o dobro, o que nos dá pistas sobre a atuação da mulher no ensino. Em outras palavras, podemos inferir que, sem a possibilidade da inserção nos escalões da vida política do país em decorrência da impossibilidade da plena cidadania, as mulheres procuram o ensino como forma de se tornarem profissionais e ascenderem socialmente.

Quanto à entrada de alunos na escola, a carta de fevereiro de 1905 mostra-nos que número de alunas na seção feminina excede o número de alunos da masculina tanto na Escola Complementar quanto no Grupo Escolar.

---

5 Fevereiro 5

Illustre Cidadão

Tenho a honra de communicar para os devidos effeitos, que se acham matriculados nas duas Escolas 561 alumnos, sendo no Grupo Escolar 346 e na Escola Complementar 215. Descriminadamente pelos diversos annos estão assim distribuidos esses alumnos: Na Escola Complementar. Secção feminina - 1o. anno 35, 2o. anno 32, 3o. anno 42 e 4o. anno 29, secção masculina - 1o. anno 22, 2o. anno 17, 3o. anno 15 e 4o. anno 23. No Grupo Escolar, secção feminina, 1o. anno 36, 1o. anno supl. 24, 2o. anno 45, 3o. anno 39 e 4o. anno 40, secção masculina - 1o. anno 33, 1o. anno sup. 24, 2o. anno 39, 3o. anno 42 e 4o. anno 24.

Saude e Fraternidade.

Ao Illustre Cidadão Dr. José Cardoso de Almeida
D.D. Secretario dos Negocios do Interior e da Justiça

Ilustração 5 - Carta de fevereiro de 1905

O grupo escolar destinado à instrução das primeiras letras apresenta o número total de 346 alunos nas duas seções, feminina e masculina. Desse montante o número de alunas é de 184 e o número de alunos é de 162. No caso da instrução complementar para a formação de professores da escola pública, o número de alunas é de 138 do total de 215 e o de alunos, futuros professores, é de 77.

De acordo com o recenseamento geral de 1872 (PINHEIRO, 1987, p.17), cujos dados valem para 1905, pois, o recenseamento seguinte só foi feito em 1920, do total de 3.837.354 pessoas que compõem a população ativa, não manual, no Estado de São Paulo, as únicas mulheres que entram no censo são as parteiras em número de 303. Todas as outras profissões, inclusive a atividade de "professores e homens de letras" (PINHEIRO, 1987, p.17), são constituídas e contabilizadas em função de pessoas do sexo masculino. As mulheres, com exceção das parteiras, nem entram nas estatísticas do censo.

A carta informando o número de alunas e os dados da instituição no interior do Estado de São Paulo informando o número de professoras contratadas é um indício bastante significativo da pressão exercida pelas categorias destituídas da plena cidadania nas estruturas estabelecidas. De acordo com Bakhtin/Voloshinov (1929/1988), é a partir da pressão exercida pela infra-estrutura que as superestruturas se modificam. Em outras, palavras, apesar da superestrutura política desconsiderar a plena cidadania das pessoas do sexo feminino, desconsiderando-as até nos dados do censo, as mulheres integram ativamente as infraestruturas por meio do trabalho, o que vai determinar a obtenção dos plenos direitos políticos na Constituição do Estado Novo em 1930.

A escola pública que foi criada, segundo Monarcha (1999), para reproduzir a ideologia burguesa corrente concentra um movimento em duas direções: de um lado, sofre pressões hierárquicas da superestrutura política que cria duas categorias de cidadão; de outro lado, sofre pressões da infra-estrutura em funcionamento por meio das categorias menos favorecidas politicamente, em nosso caso, são as mulheres, que ingressam ativamente no mercado de trabalho por meio da educação.

De que maneira a instituição escolar de Itapetininga vai lidar com as pressões advindas: a) da perda de sua posição de destaque na hierarquia educacional no interior de São Paulo; b) da hierarquia superior para a formação dos cidadãos e c) das massas populacionais para a própria constituição da cidadania? Para podermos fazer algumas considerações sobre o assunto, observaremos primeiramente o programa de ensino utilizado pela escola de Itapetininga.

O programa de ensino e o Grupo Escolar de Itapetinga

A razão para a observação do programa de ensino se dá porque a instrução pública no estado tem no estabelecimento da escola modelo um ponto forte. Em primeiro lugar, é na Escola Modelo e, a partir de 1905, nos Grupos Escolares, que os professorandos normalistas fazem a prática de ensino necessária para a habilitação ao magistério. Em segundo lugar, de acordo com o Regimento Interno dos Grupos Escolares, o cargo de diretor dos Grupos Escolares está vinculado à necessidade do diploma da Escola Normal e à conseqüente prática de ensino do normalista na Escola Modelo de acordo com o programa de ensino estabelecido. Em terceiro lugar, o programa de ensino da Escola Modelo é o mesmo utilizado por todos os grupos escolares do estado que, a partir de 1905, passam a formar professores. Além disso, as cartas que compõem o *corpus* de pesquisa começam a ser escritas no ano de 1905.

De acordo com o decreto no. 1281, de 24 de abril de 1905, que institui o programa de ensino para os Grupos Escolares, o ensino contempla as seguintes disciplinas nos quatro anos de estudos: Leitura, Linguagem, Caligrafia, Aritmética, Geografia, Ciências Físicas e Naturais, Higiene, Instrução Cívica e Moral, Ginástica e Exercícios Militares, Música, Desenho, Geometria e Trabalho Manual no primeiro ano. O segundo ano contém as mesmas disciplinas, acrescidas de História do Brasil. No terceiro ano, inclui-se Cosmografia à disciplina de Geografia. No quarto ano, cai Cosmografia da disciplina de Geografia.

Antes de tratarmos dos aspectos lingüístico-discursivos do conteúdo do programa, faremos algumas considerações gerais sobre o aspecto material do texto escrito. Segundo Chartier (1994/1999), o texto escrito em sua materialidade física, inserido no contexto da sociedade que o utiliza, dá pistas sobre a relação entre o sujeito, escrita, função social e momento histórico. A triangulação dessas informações oferece uma perspectiva de análise, ancorada na realidade de utilização do texto, em que o observador não somente descreve os documentos, mas também traz à luz a necessidade de se considerar o material para o entendimento do sujeito histórico, dentro de sua própria comunidade. Por isso, o pesquisador não pode prescindir de nenhuma informação sobre a materialidade física dos documentos, além da materialidade lingüística que é foco dessa seção. Nesse caso, cabe a pergunta: que informações obtemos a partir da materialidade física do programa de ensino a respeito do projeto discursivo do locutor?

Por se encontrar entre as páginas 57 e 67 do livro intitulado Leis e Decretos do Estado de São Paulo de 1902 a 1906, na seção de Atos do Poder Executivo, o programa de ensino tem caráter legal, implicando sanções quando do seu não cumprimento. Além disso, o decreto está na seqüência de decretos relacionados junto com outros de decretos de outros órgãos públicos. Não há separação entre, por exemplo, o órgão de inspeção sanitária, a penitenciária do estado e a instituição de instrução pública: são órgãos públicos sob o comando do poder executivo.

Podemos fazer duas inferências em relação à organização dos decretos no livro. Em primeiro lugar, parece-nos que a colocação de todos os decretos relativos aos diferentes órgãos públicos no mesmo livro em seqüência numérica e cronológica estabelece uma certa igualdade hierárquica entre eles, ou seja, todos os órgãos públicos têm o mesmo valor e são considerados igualmente. A segunda inferência que a posição do texto no livro nos permite fazer é sobre a existência de uma hierarquia superior, nesse caso o Estado, organizadora dos órgãos sob sua responsabilidade.

Essa forma de hierarquia vai ao encontro de uma parte dos ideais republicanos circulantes no período. Segundo Carvalho (1990/2002), uma das vertentes do pensamento republicano brasileiro propunha que a organização social e política da República somente seria possível se a sociedade funcionasse plenamente como o corpo humano, em que os órgãos todos que o compõem funcionem com igual importância, a partir das ordens de um sistema nervoso central. A falência de um desses órgãos determina o perecimento do corpo.

Trataremos agora das relações lingüístico-discursivas do texto inicial do decreto, no qual podemos observar a constituição de uma rígida relação hierárquica entre o poder executivo e o órgão público. O texto do decreto se inicia com uma introdução, comum a todas as leis e decretos do livro, ou seja, vemos a numeração seqüencial, após o termo "decreto", em caixa alta e a data de homologação.

DECRETO N. 1281 – DE 24 DE ABRIL DE 1905

Approva e manda observar o programma de ensino para a eschola modelo e para os grupos escholares

O Presidente do Estado, de acôrdo com os artigos 3.° e 4.° da lei n. 930, de 13 de Agosto de 1904, e artigo 31 do decreto n. 1239, de 30 de Setembro do mesmo anno, approva e manda observar na eschola-modelo e nos grupos escholares do Estado o programma de ensino que a este acompanha e que entrará em vigor no dia 15 de Maio proximo vindouro.

Palacio do Governo do Estado de São Paulo, 24 de Abril De 1905.

JORGE TIBIRIÇA'
J. CARDOSO DE ALMEIDA

Ilustração 6 - Homologação do programa de ensino

Depois, lemos "aprova e manda observar o programa de ensino para a escola modelo e para os grupos escolares" em itálico. A utilização dos verbos "aprova e manda" também é comum a todos os decretos publicados pelo Poder Executivo. Percebe-se aqui uma primeira relação de transitividade em que o sujeito dos verbos "aprova e manda" nessa construção é o Decreto, o objeto direto é o programa de ensino e os locais onde o programa de ensino se aplica são a Escolas Modelo e os Grupos Escolares.

O texto seguinte à introdução da homologação do decreto estabelece outras relações de transitividade entre sujeito, verbo e objeto. O sujeito da construção seguinte é o presidente do estado que "aprova e manda observar" o plano de ensino. Uma espécie de simetria se forma nesse instante entre o decreto e o presidente: os dois sujeitos dos verbos "aprova e manda observar" têm o mesmo valor, confundindo-se sintaticamente, o que nos remete à percepção da existência da mesma relação hierárquica estabelecida anteriormente na relação entre Poder Executivo e órgãos públicos. Ou seja, o Presidente do Estado fala pela voz do decreto aos órgãos públicos e essa voz é comum a todos os órgãos públicos em funcionamento.

Observando-se atentamente o texto, percebe-se outra relação hierárquica estabelecida entre o sujeito "decreto" e o sujeito "Presidente do Estado". Entre o sujeito "Presidente do Estado" e os verbos "aprova e manda observar" existe um aposto: "de acordo com os artigos 3º e 4º da lei n. 930 de 13 de agosto de 1904, e artigo 31 do decreto n. 1239, de 30 de setembro do mesmo ano[4]". A inserção desse aposto quebra um pouco a impressão de simetria dos sujeitos, porque coloca o Presidente do Estado hierarquicamente abaixo da lei. Em outras palavras, o Presidente do Estado faz cumprir a lei a que ele também se submete, o que está de acordo com o que se espera de um estado republicano, ou seja, que as leis estejam acima dos cidadãos, estabelecendo-se a relação hierárquica.

O texto termina com a mesma relação hierárquica, em que na primeira posição aparece "Palácio do Governo", local de aprovação das leis e decretos. Em seguida, lemos o nome de "Jorge Tibiriçá" em caixa alta, governador do Estado de São Paulo na época, que "aprova e manda observar a lei" constituída no Palácio do Governo. Logo abaixo do nome do governador, encontramos o nome de "J. Cardoso de Almeida", Secretário dos Negócios do Interior, órgão responsável pela instrução pública no Estado, representante dos órgãos instrução pública, a quem a lei se destina.

Da observação da materialidade e dos aspectos lingüístico-discursivos do decreto, podemos afirmar a existência de uma clara relação hierárquica repetida em vários níveis observados: a) percebe-se a hierarquia na colocação do decreto no

---

4   Os artigos 3º e 4º da lei n. 930 dizem o seguinte: "Artigo 3º - O ensino na escola modelo e nos grupos escolares será distribuído por quatro anos. Artigo 4º - O poder executivo fará a revisão dos programas de ensino preliminar, de modo que a na distribuição das matérias se atenda ao desenvolvimento intelectual dos alunos e se observem os princípios do método intuitivo". E o artigo 31 do decreto de 1239 diz o seguinte: "Os programas de ensino serão os que o Governo determinar e organizados pelo inspetor geral do ensino. O s programas adotados serão uniformemente observados na escola modelo, nos grupos escolares e nas escolas isoladas". (Leis e Decretos do Estado de São Paulo)

livro, em que os órgãos públicos se igualam sob a ordem do Poder Executivo; b) percebe-se a mesma hierarquia na estrutura sintática sujeito (decreto/Governador do Estado), verbo (aprova e manda observar) e objeto (Secretário dos Negócios do Interior e da Justiça/escolas públicas). Com isso em mente, trataremos dos aspectos específicos do programa de ensino.

O programa de ensino e a formação do cidadão

Localizado logo após a homologação da lei, o programa de ensino, que ocupa as dez próximas páginas do livro, possui algumas características gerais. Em primeiro lugar, divide-se em quatro anos da instrução preliminar, o que o diferencia dos programas anteriores que possuíam cinco anos de instrução. Em segundo lugar, apesar do texto dos programas de 1904 e 1905 ser praticamente igual, encontramos uma diferença na organização e apresentação do conteúdo, ao compararmos esse programa com o programa de ensino do ano anterior. Até o ano de 1904, a organização do conteúdo se dá por disciplina, ou seja, a disciplina de Linguagem, por exemplo, concentra todo o conteúdo programático separado por ano de instrução, acontecendo o mesmo com as outras disciplinas. A partir do ano de 1905, o conteúdo programático é organizado por ano de instrução, concentrando em cada ano as respectivas disciplinas.

Centralizado na folha, lemos "*Programma de ensino para os grupos escholares e eschola-modelo*", seguido do ano a que o programa se refere. No exemplo abaixo, lemos "Primeiro Anno", em caixa alta. Em itálico, lemos o nome da disciplina. O exemplo a seguir ilustra a descrição.

Programma de ensino para os grupos escholares e eschola-modelo
PRIMEIRO ANNO
Leitura
Palavras – o que ellas representam e significam.   Sentenças formadas com palavras estudadas.
Formar, com cartões de lettras, as palavras e sentenças lidas
Linguagem
Oral – Descripção de objectos communs.
Descripção de objectos presentes e ausentes.
Narração de factos instructivos e moraes, com reproducção socratica e completa da mesma.   Recitação de maximas e poesias apropriadas á classe.
Escripta – Copiar palavras e pequenas sentenças do quadro-negro ou do livro de leitura.   Dictado de palavras e sentenças faceis.   Escrever sentenças com palavras dadas. Uso das lettras maiusculas.
Calligraphia
Copiar lettras, palavras, algarismos e pequenas sentanças do livro de leitura ou escriptas no quadro-negro.

Ilustração 7 – Disciplinas de Leitura e Linguagem – 1º ano

Na descrição das atividades percebemos uma oscilação entre verbos e substantivos. Por exemplo, na aula de Leitura há dois tipos de atividades previstas: a atividade de construção de significados e a atividade de produção de leitura. A primeira atividade de construção de significados está descrita por meio do substantivo "palavra" e a descrição da atividade de produção está descrita por meio do verbo "formar".

O mesmo acontece com as aulas de Linguagem Oral e Linguagem Escrita. A aula de Linguagem Oral é descrita com a utilização de um substantivo, por exemplo, "descrição de objetos comuns"; contudo a atividade de Linguagem Escrita, que é "copiar palavras ou pequenas sentenças do quadro-negro...", é descrita com o uso de um verbo "copiar". Sobre essa oscilação entre o uso de verbos e o uso de substantivos cabe uma reflexão.

Observamos anteriormente no aspecto geral da homologação dos decretos a existência de uma relação hierárquica bem definida tanto na sintaxe quanto na estrutura formal de construção do texto entre quem homologa e a quem o programa se destina. Assim, o Governador do Estado, seguindo a lei, "aprova e manda observar" o programa de ensino. O programa de ensino aprovado deve ser utilizado nos grupos escolares, por isso, é mandado aos diretores, para que sejam colocados em funcionamento. Quem coloca em funcionamento o programa de ensino são os professores, sujeitos da ação de instruir os alunos de acordo com o estabelecido pelo programa.

Podemos dizer, com isso, que em última instância o programa de ensino se destina aos professores dos grupos escolares que, por sua vez, têm a incumbência de fazê-lo funcionar. Em outras palavras, se colocarmos como sujeito da ação de instruir o professor, podemos ler o programa de ensino da seguinte forma: o professor da disciplina de "Leitura" ensinará as "Palavras" (o que elas representam e significam) e as "Sentenças" (formadas com palavras estudadas).

Contudo, ao lermos a sentença seguinte que é "formar, com cartões e letras, as palavras e sentenças lidas", iniciada por um verbo, percebemos um problema sintático ou, ao menos, uma ambigüidade sintática que pode ser descrita da seguinte forma: quem é o sujeito da ação de "formar as palavras"? O professor ou o aluno? A mesma ambigüidade se apresenta na disciplina de Linguagem Escrita, em que lemos "copiar palavras do quadro negro ou do livro de leitura". Nesse processo de instrução quem copia as palavras são os professores que instruem ou os alunos que aprendem a ler e a escrever?

Parece-nos que se estabelece uma dupla ordem hierárquica com relação aos interlocutores para a execução do programa de ensino, a partir da observação das sentenças iniciadas por substantivos e daquelas iniciadas por verbos. Uma primeira ordem hierárquica, que chamaremos de ordem direta, constrói-se nas sentenças iniciadas por substantivos. Elas têm como interlocutores diretos os professores, que são os agentes do processo de ensino. Podemos ler o programa de ensino, segundo o quadro a seguir:

Agente: professor (interlocutor da lei)	Agente: professor (executor da lei)
No primeiro ano, o professor deverá ensinar	1) Leitura das palavras, ou seja, o que elas representam e significam; das sentenças, formadas com palavras estudadas. 2) Linguagem oral, incluindo a descrição de objetos comuns, a descrição de objetos presentes e ausentes, a narração de fatos instrutivos e morais, com reprodução socrática e completa da mesma e a recitação de máximas apropriadas à classe. 3) Linguagem escrita, incluindo ditado de palavras ou sentenças fáceis e o uso das letras maiúsculas.

Uma outra ordem hierárquica, que chamaremos de indireta, é estabelecida nas construções iniciadas por verbos. Nelas, o professor manda/faz o aluno "formar palavras e copiar sentenças". Parece-nos que as sentenças iniciadas por verbos tratam do exercício do aprendizado e não da execução do programa de ensino. Nesse processo, os alunos se constituem nos agentes de aprendizado e os professores nos agentes de instrução. Podemos observar melhor essa relação no quadro a seguir:

Agente de instrução: professor (interlocutor da lei)	Agente de aprendizado: aluno
O professor deverá ensinar 1) Leitura 2) Escrita 3) Caligrafia	a) E os alunos deverão formar, com cartões de letras, palavras e sentenças estudadas. b) E os alunos deverão copiar palavras ou pequenas sentenças do quadro negro ou do livro de leitura; deverão escrever sentenças com palavras dadas. c) E os alunos deverão copiar letras, palavras, algarismos e pequenas sentenças do livro de leitura ou escritas no quadro-negro.

Considerando a estrutura geral do programa, podemos dizer que a estrutura do programa de ensino mantém a relação hierárquica estabelecida no texto da homologação, possibilitando-nos a seguinte leitura: a inclusão dos sujeitos alunos no plano de ensino, que foi feito com vistas ao professor, significa não somente que abaixo da lei estão os professores, mas também os alunos. Existe, contudo, uma distinção entre quem executará o programa e quem aprenderá com o programa.

O agente de execução do programa de instrução é tratado por meio de substantivos, o que filosoficamente remete ao tratamento da essência das coisas, que só pode ser aferido aos sábios: àqueles que possuem o conhecimento dessa essência. Em outras palavras, a execução do programa é aferida ao professor. O agente de aprendizado, também considerado no programa, é tratado por meio dos verbos, o que significa que o aprendizado é dado por meio da ação de fazer, atividade restrita aos alunos.

O programa de ensino reflete a hierarquia estabelecida, determinando quem manda e quem faz entre professores e alunos por meio do uso dos substantivos e dos verbos. O uso desses substantivos e verbos sem um sujeito específico não permite a distinção entre pessoas do sexo masculino e do sexo feminino, o que aparentemente os iguala. Contudo, se a instituição de instrução pública serve para reproduzir os valores circulantes, constituindo-se como parte integrante de uma hierarquia político-administrativa do estado; e esse estado segue a constituição que estabelece uma distinção entre os sexos em relação à cidadania, de que maneira isso pode se refletir no plano de ensino?

Para respondermos essa pergunta, observaremos o conteúdo das disciplinas consideradas de formação moral e cívica do cidadão, são elas: Educação Cívica e Moral, História do Brasil e Exercícios Militares. Para efeito compartivo, discutiremos também brevemente o conteúdo da disciplina de Trabalhos Manuais.

No primeiro ano, o Programa de Ensino não prevê a disciplina de História do Brasil, contendo, por sua vez, a disciplina de Instrução Cívica e Moral, cujo texto é comum também ao segundo ano. No texto consta a seguinte proposta de conteúdo:

> *Instrucção civica e moral*
> Recitação de trechos moraes, civico; poesias e historietas.

Ilustração 8 - Disciplina de Instrução Cívica e Moral – 1º ano

Na relação entre professor e aluno estabelecida anteriormente em que ao professor cabem os aspectos abstratos do conhecimento e ao aluno cabem a execução das atividades, a oração "recitação de trechos morais, cívicos; poesias e historietas", iniciada por substantivo, é de responsabilidade do professor, interlocutor direto da lei e executor do programa de ensino. O texto, contudo, parece muito vago quanto ao sentido das palavras "recitação", "trechos morais", "cívicos", "poesias" e "historietas". O sentido desses termos pode ser complementado com a observação do programa do ano anterior, estabelecido no decreto n. 1217 de 29 de abril de 1904.

O programa de ensino do ano de 1904, substituído em 1905 com a equiparação dos grupos escolares à escola modelo da capital não possui uma disciplina de Educação Cívica e Moral para os dois primeiros anos de instrução. Esse tipo de instrução está previsto para para as aulas de Linguagem no 1º e 2º ano. Segundo o programa de 1904, no item "processos" de instrução, o professor deve despertar a atenção da classe sobre fatos "instrutivos e morais". Além disso, a instrução moral deve ser "ensinada principalmente pelo exemplo. A disciplina deve ser um grande auxiliar. A vida escolar deve ser seu principal assunto". De acordo, ainda, com o programa previsto, devem constituir o "assunto das aulas de linguagem: trechos morais, trechos cívicos, adágios populares, pequenas poesias e historietas". Além disso, deve-se também "despertar a atenção e a observação da classe sobre a escola, a família e a sociedade".

Parece-nos que a mesma relação hierárquica apresentada nos aspectos gerais do decreto se reflete aqui. De acordo com o texto do programa, cabe ao professor a instrução moral e política dos alunos que deverão seguir os exemplos estabelecidos pelo professor. Da mesma forma que o governador do estado "manda observar" o cumprimento do decreto, o professor instrui os alunos a observarem as leis, primeiramente, dentro da instituição de ensino e, posteriormente, fora dela.

Os aspectos da História do Brasil, disciplina iniciada no segundo ano de instrução, completa o processo de aprendizagem pela referência ao exemplo, como podemos ler no programa a seguir:

> *Historia do Brazil*
> Desenvolvimento das idéas que os alumnos já tenham sobre-factos da Historia Patria, dando ao professor a fórma de contose salientando os personagens que nelles tomaram parte importante. Palestras, de preferencia sobre factos e actos que despertem sentimentos de patriotismo, civismo, heroismo, abnegação, etc.

Ilustração 9 - Disciplina de História do Brasil – 2º ano

O programa da disciplina é claro quanto à necessidade de exemplificação do professor. O professor deve promover o "desenvolvimento das idéias que os alunos já tenham sobre fatos da história" (...), e fazer, promover, ou dar "palestras, de preferência sobre os fatos e atos que despertem sentimentos de patriotismo, civismo, heroísmo, abnegação, etc.", o que completa o conteúdo da disciplina de Educação Cívica e Moral. Em outras palavras, o professor cita e exemplifica os fatos cívicos e morais no primeiro ano. No segundo ano, esses trechos citados se transformam em palestras sobre fatos patrióticos, etc.

Apesar da existência de turmas separadas para o sexo masculino e o sexo feminino, o programa de ensino, no que diz respeito à Educação Cívica e Moral e História do Brasil, tem de ser ministrado igualmente para ambos os sexos, o que iguala a instrução, permitindo que todos aprendam os mesmos princípios morais, cívicos e históricos. Até aqui parece-nos que não existe a hierarquia estrutural observada desde a Constituição para a formação da cidadania.

Contudo, há disciplinas no programa de ensino que distinguem o tipo de instrução em relação ao sexo. Uma delas é a disciplina de Ginástica e Exercícios Militares que isenta o sexo feminino de algumas das atividades de exercícios militares e pulos. Vejamos o texto do programa da disciplina para o terceiro ano de instrução:

> *Gymnastica e exercicios militares*
>
> *Exercicios callisthenicos na sala de aula :* Repetição dos exercicios do segundo anno, accrescendo 5.ª, 6.ª e 7.ª posições fundamentaes. Combinação dos exercicios das extremidades superiores com os das inferiores. Passos rythmicos ou de dança.
> *Exercicios* no *gymnasio* ou ao ar livre : Formatura para os exercicios gymnasticos. Evoluções gymnasticas em passo ordinario e accelerado. Marchas combinadas com movimentos das extremidades superiores. Exercicios pulados. Corridas de velocidade que não excedam á distancia de sessenta metros. Corridas com obstaculos. Pulos de pé firme e pulos correndo, em altura e em distancia, com e sem trampolim.
> Jogos gymnasticos.
> *Exercicios militares:* As principaes evoluções de companhia, sem armas.
> O mesmo programma para a secção feminina, exceptuados os pulos e os exercicios militares.

Ilustração 10 - Ginástica e Exercícios Militares - 3º ano

O programa de ginástica é praticamente igual para ambos os sexos, "excetuando-se os pulos" para o sexo feminino. A diferença principal aparece nas atividades relacionadas aos Exercícios Militares. Reservadas para o sexo masculino, os exercícios incluem "as principais evoluções da companhia sem armas". A não existência de uma atividade para o sexo feminino em substituição à impossibilidade dos exercícios militares, instala uma primeira desigualdade na formação dos cidadãos republicanos, como reflexo da Constituição.

Essa leitura pode parecer equivocada, considerando-se o período em que o programa de ensino foi produzido. Em outras palavras, retirar do sexo feminino a necessidade de práticas militares ou de pulos de ginástica pode parecer bastante adequado para o final do século XIX e início do século XX. Contudo, considerando que a Constituição dos Estados Unidos do Brasil de 1891 iguala os cidadãos perante a lei, a impossibilidade dos exercícios para o sexo feminino e a não substituição dessa atividade de formação da cidadania política por outra criam uma situação de desigualdade e entram em desacordo com a lei.

> **SEÇÃO II**
>
> **Declaração de Direitos**
>
> Art.72 - A Constituição assegura a brasileiros e a estrangeiros residentes no País a inviolabilidade dos direitos concernentes à liberdade, à segurança individual e à propriedade, nos termos seguintes:
>
> § 1º - Ninguém pode ser obrigado a fazer ou deixar de fazer alguma coisa senão em virtude de lei.
>
> § 2º - Todos são iguais perante a lei.

Ilustração 11 - Constituição de 1891

Se "todos são iguais perante a lei" e o programa de ensino em forma de decreto tem estatuto de lei, que considerações podemos fazer sobre as relações de cidadania?

A resposta a essa pergunta pode ser encontrada nas especificações do programa de ensino de Educação Cívica e Moral que estabelece um percurso simbólico bem claro em favor da formação dos cidadãos para o interesse da República. Esse percurso se inicia com os estudos sobre a "Pátria" e a "bandeira como símbolo da Pátria", incluindo-se "exemplos de amor à Pátria"; passa aos estudos sobre o "Governo" com ênfase na "necessidade de um governo" e na "impossibilidade da existência de uma sociedade sem governo", além da "demonstração desta verdade por meio de exemplos". O percurso chega à apresentação das "formas de governo" com os "princípios gerais demonstrando as vantagens da República", incluindo-se "o voto e sua importância", passando pelas "leis" e terminando em "justiça", "polícia", "exército e armada".

O texto do programa considera a "justiça", a "polícia" e o "exército e armada" como exemplos de "princípios gerais" e "vantagens" da República e a ordem de colocação desses tópicos no programa é clara: pátria, governo, formas de governo, as leis, justiça, polícia, exército e armada. Considerando-se que existe uma ordem hierárquica respeitada em toda a estruturação da lei, desde da sua colocação no livro até a forma de tratamento do interlocutor do decreto, passando pelo tratamento da linguagem em relação aos professores e alunos no programa de ensino, a ordenação dos itens no decreto possui um sentido que deve ser explicitado. Ou seja, a Pátria é a instituição maior de organização, determinada por um governo baseado nas leis, organizadas pela justiça. A inserção do sujeito comum nessa hierarquia se dá pelos escalões menores, isto é, pela polícia, exército ou armada.

Na escola, os exercícios militares são a reprodução das atividades dessas três instituições políticas, o que instrui os alunos à entrada nos escalões mais baixos de ascensão à Pátria. A não possibilidade das alunas de participarem dos exercícios militares determina a impossibilidade de ascensão por parte delas aos escalões da Pátria. Desse modo, pode-se dizer que o sexo feminino é colocado em posição inferior hierarquicamente na escola frente ao sexo masculino, por não ter o direito de experimentar o exemplo oferecido pela instituição de ensino. Esse fato reflete a sociedade brasileira do começo do século XX, em que a mulher era considerada desde a Constituição como cidadã de segunda categoria. Nesse sentido, a escola cumpre seu papel de reproduzir em sala de aula a sociedade em que se estabelece.

O papel reservado ao sexo feminino na sociedade brasileira está refletido na instrução pública na disciplina de Trabalhos Manuais. Vejamos:

> Para o sexo feminino:
> Pontos russos e de ornamentos. Pontos de marca, lettras e nomes. Camisas, aventaes, lenços, toalhas, babadouros, etc., para applicação de estudos anteriores ; serzidos, rementos, etc.

Ilustração 12 - Disciplina de Trabalho Manual - 4º ano

Percebe-se claramente a diferença no trato do sexo feminino, cabendo às alunas o aprendizado de alguns tipos de "pontos" e a aplicação de "serzidos, remendos, etc." em "camisas, aventaes, lenços, toalhas, babadouros, etc". O exemplo que as alunas têm de seguir é restrito às atividades do cotidiano do lar e ao trato da casa (toalhas), do marido (camisas) e dos filhos (babadouros), o que reafirma a inserção delas na hierarquia social, ou seja, na segunda classe de cidadãos.

Resta-nos, ainda, preencher o sentido do "etc." do texto. Para tanto, recorreremos a mesma disciplina nos anos anteriores. No primeiro ano, o trabalho manual reservado ao sexo feminino se constitui do aprendizado da "posição das mãos e modo de segurar a agulha" e ao "crochê simples". No segundo ano, a disciplina inclui para o sexo feminino "crochê. Pontos, alinhavos, pospontos, pontos fechados e abertos, pontos de remate. Preparação e modo de franzir. Franzidos duplos". E, no terceiro, a disciplina apresenta "crochê, pontos, franzidos, serziduras, pregas, bainhas, casear e pregar botões, colchetes". Além de ensinar "remendos diversos, pontos russo e de ornamentos, pontos de marca, letras e nomes".

Essa breve observação do conteúdo das disciplinas de História do Brasil, Educação Cívica e Moral, Exercícios Militares e Trabalho Manual demonstra uma preocupação com a instrução dos valores e modelos republicanos para a formação do cidadão. Percebe-se também a reprodução da estrutura sócio-política do período diretamente no programa de ensino. Em outras palavras, o programa de ensino reproduz fielmente as estruturas hierárquicas que constituem a cidadania, em que o direito político se restringe a uma parcela da população do sexo masculino, alfabetizada e, em sua maioria, branca. As mulheres ficam restritas à cidadania civil, sem direitos políticos.

Até o momento estabelecemos o seguinte percurso de sentido para o entendimento do uso dos termos "professora" e "cidadão" na correspondência do diretor da escola de Itapetininga:

1. Observamos na Constituição Republicana de 1891 a existência de duas categorias de cidadão. Há os cidadãos com plenos direitos civis e políticos e os cidadãos sem os direitos políticos. Os homens brancos, alfabetizados, não mendigos fazem parte da primeira categoria e os outros todos da segunda. Não existe menção à mulher na Constituição, contudo, por não terem o direito ao voto, elas se encaixam na segunda categoria de cidadãos;

2. Tratamos do reflexo desse processo de cidadania na escola pública. Mostramos que a escola pública se encontra no centro de um processo em que, de um lado, tem de reproduzir os desígnios estabelecidos na Constituição quanto à cidadania e de outro forma professoras integrantes da população ativa do estado, que exercem pressão sobre os processos de cidadania;

3. Observamos também os reflexos desse processo de cidadania no funcionamento da língua em uso na instituição de instrução pública. Verificamos que o programa de ensino respeita uma hierarquia política rígida estabelecida tanto na materialidade física do decreto quanto na materialidade lingüística, não permitindo às pessoas do sexo feminino a possibilidade da inserção nos escalões da pátria, ou seja, à cidadania política.

Na próxima seção, faremos algumas considerações retomando a correspondência, os aspectos de circulação de sentido observados e as perguntas de pesquisa.

Considerações: os sentidos na carta da escola de Itapetininga

O problema estabelecido no início desse artigo diz respeito ao uso dos termos "cidadão" e "professora" na correspondência do diretor da escola de Itapetininga, de acordo com o trecho retirado do texto da carta:

> tenho a honra de propor-vos para esses cargos nesta Escola, **a professora D. Olivia Prestes, para prendas domesticas, e os Cidadãos Oristano Bifone e Henrique Carneiro Soane, aquele para professor de musica e este para professor de torno e marcenaria**

Ilustração 13 - Trecho da carta do dia 11 de Janeiro de 1905

Quanto à primeira pergunta de pesquisa feita, que se refere ao significado do uso no texto da correspondência da escola de Itapetininga do título de "cidadão" antes do nome próprio masculino, podemos dizer que o uso reproduz diretamente a condição do homem branco, alfabetizado não mendigo na sociedade brasileira no período da República Velha. O título agrega valor ao nome próprio, porque insere o homem nos escalões da República, dentro da hierarquia estabelecida, distinguindo-o dos outros cidadãos da segunda categoria.

A escola de instrução pública situada no interior do Estado de São Paulo demonstra aos olhos dos seus destinatários, que se mantém atenta à circulação dos valores instituídos na República, reproduzindo-os de forma adequada nas instâncias em que atua. Lembramos que a escola de Itapetininga perdeu sua posição de única escola do interior de São Paulo a formar professores, quando da equiparação dos grupos escolares. Apesar disso, a reprodução da hierarquia na correspondência demonstra que a instituição continua servindo à República, de acordo com o estabelecido na Constituição.

Assim, não ter o título de "cidadão" antes do nome significa que o indivíduo está de alguma forma excluído dos plenos direitos civis e políticos. O termo "professora" expressa essa exclusão de maneira que informa ao destinatário da correspondência da existência de pessoas qualificadas e diplomadas pela escola pública para ministrar aulas, que, contudo, não possuem os plenos direitos políticos.

Esse fato nos remete à segunda pergunta de pesquisa que diz respeito aos temas circulantes na palavra "cidadão" dentro desse contexto. O primeiro tema possível de ser depreendido do uso de "cidadão" se refere à informação ao destinatário da plena saúde desse órgão público. Apesar de sua distância em relação à capital e do processo de nivelamento sofrido pela instituição, a escola informa ao destinatário que está em pleno funcionamento dentro dos escalões republicanos, segundo a lei.

Outro possível tema se refere ao cumprimento de ordens dentro de uma hierarquia. O programa de ensino apresenta claramente as hierarquias, estabelecendo não somente quem deve cumprir as ordens, mas também quem pode ou não integrar a cidadania de primeira classe. Ao definir claramente quem é cidadão e quem não é, a instituição mostra que conhece a hierarquia e segue a ordem estabelecida desde a Constituição, passando pelos decretos e chegando ao programa de ensino.

Na reflexão sobre os valores circulantes existem sentidos que escapam à observação direta. São sentidos constituídos em um processo de refração ou desvio daquilo que seria considerado comum. Com isso em mente, trataremos da terceira pergunta de pesquisa que se refere à existência de algum tipo de refração de sentido captado pelo posicionamento da palavra "professora" antes do nome próprio.

A colocação da ocupação "professora" antes do nome próprio feminino traz consigo outro tema circulante que é a entrada das categorias menos favorecidas sócio-politicamente na formação da população ativa. Enquanto o censo em vigor somente trata das parteiras, a escola informa o destinatário que há outras categorias exercendo pressão sobre a estrutura estabelecida.

Observamos que a Constituição estabelece duas categorias de cidadãos e que as mulheres pertencem à segunda categoria dos cidadãos sem direitos políticos. Verificamos que essa diferença aparece nos documentos públicos. Esses documentos respeitam uma hierarquia rígida expressa na materialidade física e lingüística. Percebemos que o programa de ensino da escola pública respeita essa hierarquia, reproduzindo-a com a exclusão das alunas do sexo feminino das atividades que inserem os alunos nos escalões mais baixos da hierarquia político-administrativa da República.

Dissemos, ainda, que a inserção da mulher no mercado de trabalho é muito pequena, ficando restrita à atividade de parteira, conforme o censo de 1872. Os outros postos de trabalho são preenchidos por homens. Em oposição a esse fato, por meio dos dados da própria correspondência do diretor da escola percebemos a inserção da mulher no mercado de trabalho pela atividade de professora e pela formação normalista dada pela escola de Itapetininga. A situação da mulher reflete o funcionamento da República que insere alguns cidadãos na plena cidadania e exclui outros, representados não somente pelas mulheres, mas também os negros e os imigrantes recém-chegados ao estado.

O cotidiano das vidas dos indivíduos exerce pressão sobre a estrutura hierárquica estabelecida e rígida. Como o reflexo imperfeito de uma figura no espelho, de um lado temos o pleno cidadão assim considerado pelas estruturas sociais estabelecidas; de outro lado, a imagem refratada de um outro tipo de cidadão constituído pelas mulheres trabalhadoras, pelos imigrantes recém-chegados e pelos negros libertos.

Segundo o dados do Recenseamento Geral do Brasil de 1920 sobre a distribuição percentual por setores de produção de mão-de-obra estrangeira no país, no ano de 1900 encontramos 762.669 trabalhadores imigrantes. Desse total, 43,9% estão na agricultura, 8% na indústria e 59,6% nos serviços, distribuídos em sua maioria entre operários, lavradores, criadores e pescadores, jornaleiros, criados e pessoas do serviço doméstico. Segundo Cardoso (1997), a mudança do Brasil Império para República e a implantação do sistema oligárquico no Brasil estabelece a formação de uma classe de trabalhadores e de uma burguesia urbana nos grandes estados, por exemplo, São Paulo, Bahia, Pernambuco, Rio Grande do Sul e Rio de Janeiro, o que determina pressões sobre o sistema estabelecido e influencia nas decisões políticas.

Carvalho (1987) afirma que a República foi proclamada pelos militares sem a participação política direta da população. Porém, o povo constituía uma população ativamente participante na economia e nos negócios e completamente distante dos escalões políticos, por não possuírem a completa cidadania. Isso determina uma diminuição significativa no público votante nas eleições republicanas em comparação com as eleições imperiais. Enquanto no Império votavam 10% da população, na República votavam 2%.

Podemos dizer, assim, que o tema relacionado à entrada das classes menos favorecidas no mercado de trabalho dado pela palavra professora "professora" refrata dois sentidos. Em primeiro lugar, a colocação da ocupação perto do nome feminino mostra que não somente as mulheres estão ativamente produzindo, mas traz consigo para um órgão público todos os movimentos sociais das minorias desconsideradas oficialmente.

O segundo sentido está refratado na posição em que se encontram título e o nome da professora. Cabe aqui uma reflexão: a escola reproduz fielmente a ordem social vigente, estabelecida dentro de uma hierarquia rígida e excludente. Contudo, na carta o título e o nome da professora vêm em primeiro lugar. Em seguida lemos o título de "cidadão" e o nome do professor. De acordo com a hierarquia, o homem que possui os plenos direitos civis e políticos deveria aparecer primeiro em uma carta oficial de um órgão público.

A colocação da professora em primeira posição na oração retrata a importância da atividade da mulher no cargo de professora no órgão de instrução pública. Em decorrência disso, o diretor coloca em primeiro lugar a professora, o que constitui uma inversão da hierarquia. O olhar do diretor na carta se volta não somente para os acontecimentos na sua instituição, mas também está permeado pelo olhar externo em que os movimentos sociais existentes atuam ativamente na sociedade vigente, exercendo pressão sobre a hierarquia rígida.

O diretor não somente enxerga pelos olhos da República quando cumpre a lei à risca informando a Secretaria dos Negócios do Interior sobre a situação e o funcionamento da instituição por meio das cartas, refletindo em sua escrita os valores sociais vigentes, mas também está constituído por uma realidade além da hierarquia. Os valores referentes a essa realidade estão refratados na constante utilização do título "professora" e no posicionamento da mulher antes do homem.

Referências Bibliográficas

Textos Históricos

MARTINS, A. E. (1911/2003) "Seminário das Educandas da Glória – sua criação – diretores – mudanças – vários episódios de outros tempos, entre os quais a mensagem do primeiro imperador e o esconderijo do revolucionário Rafael Tobias – Colônia de Santana – outras notas" in *São Paulo Antigo* – 1554 a 1910. São Paulo: Editora Paz e Terra, pp. 49-56.

COLECÇÃO DE LEIS E DECRETOS DO ESTADO DE SÃO PAULO. Tomos VIII a XIX, XXII e XXIII

CONSTITUIÇÃO DOS ESTADOS UNIDOS DO BRASIL (1891/1988) – Fonte: http://www.dhnet.org.br/direitos/brasil/leisbr/1988/1891.htm, acesso em 24/02/05

Textos teóricos

BAJTIN, M. *Hacia uma filosofia Del acto ético. De los borradores y otros escritos.* Trad.: Tatiana Bubnova. Espanha, Anthropos, Série Estudios Culturales – Análisis crítico de la cultura, Pensamiento crítico/Pensamiento utópico, 100, 1924/1997.

BAKHTIN, M. *Estética da criação verbal.* Trad.: Maria Ermantina Galvão Gomes Pereira. São Paulo: Martins Fontes, 1ª edição, 1979/1992.

BAKHTIN, M./ VOLOCHINOV, V.N. *Marxismo e filosofia da linguagem.* Trad.: Michel Lahud e Yara Frateschi Vieira. São Paulo: Hucitec, 4ª edição, 1929/1988.

CARDOSO, F.H. "Implantação dos Sistema Oligárquico" In: FAUSTO, B. (dir.) *O Brasil Republicano (Tomo III): Estrutura de Poder e Economia* (1889 a 1930). Rio de Janeiro: Bertrand Brasil, 6ª edição, 1o volume, Coleção História Geral da Civilização Brasileira, 1997.

CARVALHO, J. M. *Os Bestializados – O Rio de Janeiro e a República que não foi.* São Paulo: Companhia das Letras, 1987.

CARVALHO, J.M. *A formação das almas – o imaginário da república no Brasil.* São Paulo: Companhia das Letras, 12ª reimpressão, 1990/2002.

CHARTIER, R. *A ordem dos livros – Leitores, autores e bibliotecas na Europa entre os séculos XIV e XVIII.* Trad.: Mary del Priori. Brasília: Editora UNB, Coleção Tempos, 1994/1999.

MONARCHA, C. *Escola Normal da Praça – O lado noturno da luzes*. Campinas: Editora da Unicamp, 1999.

NAGLE, J. "A educação na primeira república" In: FAUSTO, B. (dir.) *O Brasil Republicano (Tomo III): Estrutura de Poder e Economia (1889 a 1930)*. Rio de Janeiro: Bertrand Brasil, 6a edição, 1º volume, Coleção História Geral da Civilização Brasileira, 1997.

PINHEIRO, P. "Classes médias urbanas: formação, natureza, intervenção na vida política" In: FAUSTO, B. (dir.) *O Brasil Republicano (Tomo III- Vol. 2): Sociedade e Instituições Economia (1889 a 1930)*. Rio de Janeiro: Bertrand Brasil, 6ª edição, 1º volume, Coleção História Geral da Civilização Brasileira, 1997.

REIS FILHO, C. *A Educação e a Ilusão Liberal – origens do ensino público paulista*. Campinas: Editora Autores Associados, Coleção Memória da Educação, 1995.

Usos da mídia na gestão social

Janette Brunstein & Eunice Vaz Yoshiura

Introdução

O desenvolvimento tecnológico desembocou na sociedade midiática, revertendo situações de poder e tendências políticas vigentes durante séculos de civilização. Os meios de comunicação têm atuado como agentes de controle social ao respaldar propostas hegemônicas detentoras de autoridade e papéis públicos. Com publicidade veiculada a altos custos, reforçam o modelo econômico consumista, promovendo o achatamento da subjetividade e a padronização dos costumes. Nem sempre, porém, atuam nessa direção. Estudos como os de Martin-Barbero (2001), mostram que pequenas comunidades vêm se utilizando de canais midiáticos em função de seus objetivos. Ao mesmo tempo, em processo de expansão, organizações não governamentais buscam propostas alternativas às formas de ação comumente conduzidas pelo Estado nas questões de interesse geral. Esse fenômeno situa-se dentro de uma conjuntura de transformações no cenário político e social dos últimos anos, em que se constata uma mudança na forma de condução das políticas governamentais, sua descentralização, e a concomitante entrada de empresas privadas em suas áreas tradicionais de atuação. Soma forças a esse movimento a proliferação da idéia da democracia participativa. O avanço de experiências participativas em âmbito mundial por movimentos da sociedade civil organizada anima a expectativa de equilibrar as forças sociais operantes. Mas, de que forma esse processo tem sido conduzido? Como tais organizações têm se relacionado com a mídia e qual o significado dessa relação na conjuntura brasileira?

Historicamente, as mudanças na relação entre Estado e Sociedade, no Brasil, deram-se a partir do golpe militar de 64, quando os movimentos e organizações coletivas ganharam autonomia em relação ao Estado. Surgiram as Organizações não governamentais – ONGs, que hoje se proliferam. A partir da década de 70, consolidaram-se redes de organizações, voltadas para o atendimento a grupos populares dos mais diversos, e que davam ênfase à educação de adultos e ao desenvolvimento comunitário. Nesse período, muitas dessas organizações se distanciaram de seu caráter assistencialista e filantrópico. Começava um processo de politização de organizações populares de oposição, e também de filiação a organizações de cooperação internacional.

Desde os anos 60 até a década de 90, as organizações não governamentais passaram por uma evolução, sobretudo no que se refere à metodologia. Se inicialmente (anos 60 e 70) o foco de suas ações era a ajuda e a promoção social, os anos 80 e 90 inauguraram uma nova fase, voltada para a consultoria de serviços e para o estilo empresarial de ação.

Neste sentido, o estudo teve por objetivo categorizar as ações desenvolvidas por organizações não governamentais com relação ao uso de canais midiáticos e observar em que extensão estão contribuindo para a emancipação dos grupos fins. Para isso, buscamos respostas às seguintes questões: como e com que objetivos organizações sem fins lucrativos vêm se utilizando ou se apropriando dos canais midiáticos na ação social? O que qualifica uma ação midiática no âmbito das organizações não governamentais? Quais as possibilidades de seus usos numa perspectiva de articulação e emancipação social?

Delimitou-se como objeto de estudo o uso da mídia por organizações não governamentais da cidade de São Paulo que atuam na área de educação não-escolar no segmento jovem. A localidade foi definida pela concentração numérica de ONGs, a área por se constituir em possibilidade de solução para um dos maiores problemas brasileiros e a população devido à carência de atendimento.

ONGs, mídia e emancipação social

Para compreendermos o que qualifica uma ação midiática no âmbito das organizações não governamentais e qual seu potencial emancipatório precisamos primeiro definir o que estamos entendendo por emancipação social.

Santos e Avritzer (2002) referem-se a nossa experiência *democrática como de 'baixa intensidade'*, simbolizada, sobretudo, pela valorização da democracia representativa, o que combinou com o abandono dos movimentos de mobilização social e de ação coletiva.

Historicamente a participação popular foi minimizada pela organização burocrática do Estado, cujas formas complexas de administração eram pouco propícias ao controle social. Como conseqüência, tornou-se precária a capacidade do Estado no que se refere a absorver informações e gerar respostas criativas para os problemas sociais. Tanto é, que o Estado homogeneizou resoluções – por meio de medidas jurídico-administrativas – para questões que requeriam soluções plurais, por serem demandadas por grupos sociais diversificados. Como alternativa a essas dificuldades, a partir do pós-guerra surge uma discussão sobre a necessidade de articulação entre democracia representativa e democracia participativa, numa proposta que Santos e Avritzer denominam *concepções não hegemônicas de democracia*, por negarem, estas, as formas homogeneizadoras de organização da sociedade. Colocam ênfase "...na criação de uma nova gramática social, articulada com a inovação institucional, isto é, com a procura de uma nova institucionalidade da democracia". Não se trata mais simplesmente de autorizar governos, mas de exercer coletivamente o poder político. O papel dos movimentos sociais é, para esses autores, o eixo central dessa nova institucionalidade, pautada pela diversidade cultural. Amplia-se assim o campo político, abrindo-se espaço para novas práticas e novos atores sociais, com forte potencial criativo e inovador. Redefine-se aí uma nova relação entre o Estado e a Sociedade, buscando-se articular democracia representativa com democracia participativa. É o que Santos chama de *processo de emancipação social*, o qual se dá a partir de práticas que ocorrem em contextos específicos, para dar respostas a problemas concretos. Ante o exposto, tem-se como desejável a coexistência e complementaridade entre democracia representativa e participativa, numa relação forte entre as ações locais e as globais, através de articulações em forma de redes que tenham capacidade transformadora (redes nacionais, regionais, continentais e/ou globais, de práticas locais), concluem os autores.

Bresser Pereira (1999) observa que, para que os trabalhos desenvolvidos pela sociedade civil de fato impliquem avanços substanciais e se desenvolvam em forma de prestação de serviços e/ou controle social, são necessárias condições de ordem tanto política quanto econômica. As de ordem política referem-se à capacidade dos indivíduos de desenvolver uma comunidade que incremente níveis de responsabilidade. As de ordem econômica referem-se às condições materiais para ampliação dos direitos sociais e econômicos para todos os indivíduos, e em maiores níveis de auto-organização social, o que por sua vez implica a necessidade de dar poder aos setores mais vulneráveis e de promover a auto-regulação social. Portanto, a ação da sociedade civil tem de se dar tanto no âmbito do *controle social* como do âmbito da *ação social*, ou seja, ação e controle são os aspectos centrais. Para tanto é preciso criar um processo de *empowerment*[1], de conferir poder à população. E o que isso significa? Dar poder pode significar: *capacidade de organização, conhecimento e recursos financeiros.*

Depreende-se daí, que níveis mais elevados de educação e acesso à informação são absolutamente necessários para ampliar a capacidade auto-organizadora e o poder da população. Cabe então perguntar o quanto de fato as práticas exercidas por ONGs, em particular através dos canais e recursos midiáticos, contribuem para o desenvolvimento desta capacidade e para proporcionar uma visão multilateral dos problemas que elas enfrentam; em suma: o que resulta em formas eficazes de combate à pobreza e à desigualdade social.

Com o intuito de se vislumbrar o alcance dessas ações, decidiu-se inicialmente averiguar de quais mídias estão se valendo e como elas estão sendo utilizadas por tais organizações. Conforme a proposta de Martin-Barbero (2001:16) para mapear as mediações na complexidade das relações entre comunicação, cultura e política, situamos essa investigação nos campos da *institucionalidade*, definido pelas *lógicas de produção*, e da socialidade, definido pelas *matrizes culturais* e pelas *competências de recepção*, no segmento jovem. No campo da *institucionalidade* busca-se identificar a natureza e a qualidade das ações das organizações não governamentais. No campo da socialidade, "gerada pela trama das relações cotidianas que tecem os homens ao juntarem-se" e por sua vez, "lugar de ancoragem da práxis comunicativa e resultante dos modos e usos coletivos de comunicação, isto é, de interpelação/constituição dos atores sociais e de suas relações (hegemonia/contra-hegemonia) com o poder" (2001:17), procura-se identificar como essas organizações estão contribuindo como matrizes culturais para ativar e moldar os *habitus* que conformam

---

1 O termo *empowerment* nas empresas é o processo de repartir poder com os empregados, aumentando desse modo sua confiança em suas habilidades para desempenhar seus cargos e sua crença de que são contribuintes influentes para a organização. Definição extraída de: BATEMAN, Thomas S., SNELL, Scott A. *Administração*. São Paulo: Atlas, 1998, p.529.

as diversas competências de recepção e mesmo para conferir poder individual e/ou coletivo para a população jovem da cidade de São Paulo. Trata-se aí, especialmente da questão dos fins, isto é, da constituição do sentido e da reconstituição do social, e assim, de focalizar a sua contribuição para a constituição do sujeito, individual ou coletivo, e conseqüentemente sua identidade.

Se por um lado, na cultura contemporânea, o desenvolvimento da tecnologia midiática, gerando a globalização e a descentração (ou deslocamentos), minou a estabilidade da identidade moderna e conduziu à formação de identidades múltiplas, fragmentadas e instáveis (Kellner, 1996, apud GUARESCHI et al, 2003:90-91), as pesquisas realizadas por Martin-Barbero mostraram como pequenas comunidades vêm se apropriando de alguns meios de comunicação, especialmente o rádio, e utilizando-os para suas próprias causas e interesses, constituindo-se como sujeitos de sua história e afirmando suas identidades. Esse movimento germina também no território brasileiro. Por outro lado, esboça-se na sociedade, um projeto de revalorização das articulações e mediações da sociedade civil e insinua-se aí a potencialidade das mídias para desempenharem um papel significativo na reconstrução das identidades.

Para Manuel Castells (2002:22), identidade é a "fonte de significado e experiência de um povo". Com relação a atores sociais, o autor entende "identidade como o processo de construção de significado com base em um atributo cultural, ou ainda um conjunto de atributos culturais inter-relacionados, o(s) qual(is) prevalece(m) sobre outras fontes de significado". Citando Calhoum (1994), lembra como é necessária a distinção entre o eu e o outro, nós e eles e como o autoconhecimento não se dissocia da necessidade de ser conhecido, de modo específico, pelos outros. Temos percebido, ao longo de nossa experiência, como ver-se na mídia é importante para o jovem se sentir alguém. Por outro lado, a necessidade de identificação explica a enorme influência do modo de vestir-se e comportar-se dos artistas televisivos nos jovens.

Castells concebe uma dinâmica gerada por três formas de identidade: a legitimadora (introduzida pelas instituições dominantes), a de resistência (criada por atores em posições ou condições desvalorizadas) e a de projeto (construída por atores sociais para redefinir sua posição social, na direção da busca de transformação de toda a estrutura social).

Buscamos então, identificar significados e sentidos, nas ações das organizações não governamentais voltadas para a juventude, que direcionam a constituição de identidades individuais e coletivas.

Voltamos nosso olhar para o segmento jovem, não apenas devido à pretensão de vislumbrar o que vem pela frente, uma vez que deles depende a cultura de amanhã, mas também porque é essa a população que evidencia com clareza as conseqüências do desenvolvimento da mídia tecnológica da nossa cultura pós-moderna e os crescentes problemas sociais que elas acarretam, tais como o desemprego, a droga, a violência...

O mapeamento: procedimentos metodológicos e análise

Bardin propõe a análise de conteúdo como método de investigação de documentos. Afirma sua aplicabilidade a todas as formas de comunicação, em qualquer suporte. Trata-se, portanto, de um tratamento da informação contida nas mensagens. A autora observa que as diferentes fases da análise de conteúdo organizam-se em torno de três pólos: a pré-análise, a exploração do material e o tratamento dos resultados.

A pré-análise tem as funções de proporcionar a escolha dos documentos a serem submetidos à análise, a formulação das hipóteses e dos objetivos e a elaboração de indicadores que fundamentem a interpretação final. Consiste por sua vez em: leitura "flutuante" (sem muita precisão) e escolha dos documentos.

Dessa forma, nesta pesquisa, a fase da pré-análise compreendeu, primeiro, a revisão bibliográfica para estruturação dos índices e indicadores para a análise e, segundo, a seleção da população de ONGs para estudo. Estas foram selecionadas a partir de catálogos organizados por entidades brasileiras que buscam sistematizar as atividades do terceiro setor: a *Associação Brasileira de ONGs* – ABONG, que reúne o histórico das associadas; as informações do banco de dados da *Rede de Informações para o Terceiro Setor* – RITS e, *Associação Nacional dos Direitos da Infância* – ANDI, que recolhe, organiza, e divulga notícias de interesse da causa da criança e do adolescente para uma rede de jornalistas de todo país.

Procedeu-se a uma leitura flutuante de sites das ONGs pertencentes a este universo – visto que a *Internet* constitui hoje o seu principal meio de divulgação – com o objetivo de identificar unidades de registro, contexto, índices e indicadores para estruturar a matriz de análise. Desta forma, definiu-se como unidades de registro, as diferentes *mídias audiovisuais*: televisão, rádio, *Internet*, revista eletrônica, cinema, vídeo, e as *mídias impressas*: revista, jornal, livro, outros.

As organizações não governamentais da cidade de São Paulo que atuam na área de educação não-escolar no segmento jovem utilizando a mídia de diversas formas, foram estabelecidas como unidades de contexto.

Categorias distintivas da natureza da ação e dos usos da mídia foram eleitas como índices. Quanto à natureza, as ações das ONGs foram consideradas em dois eixos de atuação: *ações diretas* – aquelas desenvolvidas *com* os jovens – e *ações indiretas* – voltadas *para* os jovens, mas não necessariamente em contato direto com este público.

Incluem as ações diretas, as categorias: educação e saúde; educação e identidade; educação e violência; educação e integração social. Compõem as ações indiretas: reivindicatórias; de controle social; denúncia; conscientização; investigação; apoio a ONGs; consultoria e novas pautas.

Em relação aos usos da mídia foram consideradas duas categorias: a primeira, o uso da mídia enquanto *veículo de promoção, divulgação da ONG e de sua produção* e, a segunda, enquanto *instrumento pedagógico*, seja para veiculação da produção do jovem, seja na prática midiática exercida pelo jovem, ou ainda, como recurso audiovisual nas atividades desenvolvidas com o jovem.

Foi considerado como indicador de análise a freqüência com que os índices apareceram nas unidades de registro designadas.

Bardin afirma que a segunda fase da análise de conteúdo, a exploração do material, consiste apenas na administração sistemática das decisões tomadas a partir das diferentes operações da pré-análise. Compreende operações de codificação e enumeração em função de regras previamente formuladas. Nesta etapa foram estruturados cinco quadros-síntese apresentados a seguir:

| Quadro 1 - Natureza das ações das ONGs ||||||||
| AÇÕES INDIRETAS ||||||||
	Reivindicatória	Controle Social	Denúncia	Conscientização	Investigação	Apoio a ONGs	Consultoria	Novas pautas
TV				1				1
Rádio				1				1
Internet	3	4	3	4	3	1		2
E-revista				2			1	1
Cinema								
Vídeo		2		4		1		1
Revista				1				1
Jornal				2				1
Livro				4		2		1
TOTAL	3	6	3	19	3	4		9

| Quadro 2 - Natureza das ações das ONGs |||||
| AÇÕES DIRETAS |||||
	Educação/Saúde	Educação/Identidade	Educação/Violência	Educação/Integração social
TV	1	1	1	1
Rádio	1	1	1	1
Internet	5	5	4	6
E-revista	3	3	2	2
Cinema	0	0	0	0
Vídeo	2	1	2	1
Revista	2	2	1	2
Jornal	2	2	1	2
Livro	3	2	2	2
TOTAL	19	17	14	17

Quadro 3 - Usos da mídia
VEÍCULO

	Veículo de divulgação da ONG	Veículo de promoção da ONG	Veículo de produção da ONG
TV	2	1	2
Rádio	2	1	2
Internet	5	5	5
E-revista	2	2	2
Cinema	1	1	2
Vídeo	2	1	3
Revista	2	1	4
Jornal	3	2	4
Livro	4	3	3
TOTAL	23	17	27

Quadro 4 - Usos da mídia
INSTRUMENTO PEDAGÓGICO

	Veiculação da produção do jovem	Prática midiática do jovem	Recurso audio-visual
TV	2	2	
Rádio	2	2	
Internet	5	5	3
E-revista	2	1	
Cinema	1	1	
Vídeo	2	2	
Revista	2	2	
Jornal	2	2	2
Livro	2	2	
TOTAL	20	19	5

Quadro 5 - Caráter das ações das ONGs
EMANCIPATÓRIO

	Capacitade de organização	Recursos	Conhecimento
TV	3	3	3
Rádio	1	1	1
Internet	4	5	4
E-revista	1	1	1
Cinema	1	1	3
Vídeo	3	2	3
Revista	1	1	1
Jornal	1	1	1
Livro	1	2	3
TOTAL	16	17	20

A partir do levantamento nos bancos de dados consultados, de um universo de 1460 ONGs, das quais 231 são da ABONG, 964 da ANDI e 257 do RITS, chegamos a uma população de 13 instituições que se enquadraram nas especificações definidas na pré-análise como unidades de contexto.

No cômputo geral da natureza das ações das ONGs nas diversas mídias observadas foram verificadas 67 ocorrências de ações diretas com jovens e 41 indiretas. Os gráficos a seguir enumeram a freqüência e o tipo de mídia utilizada nestas ações:

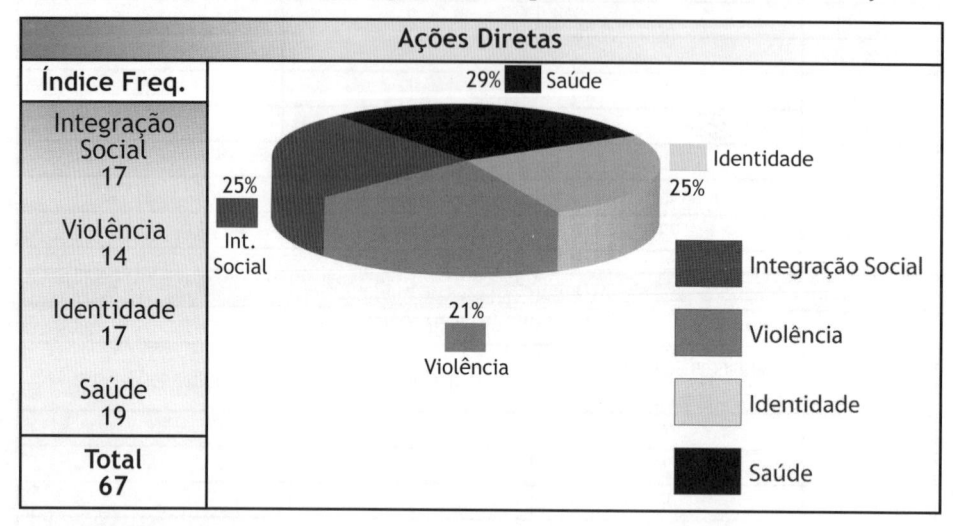

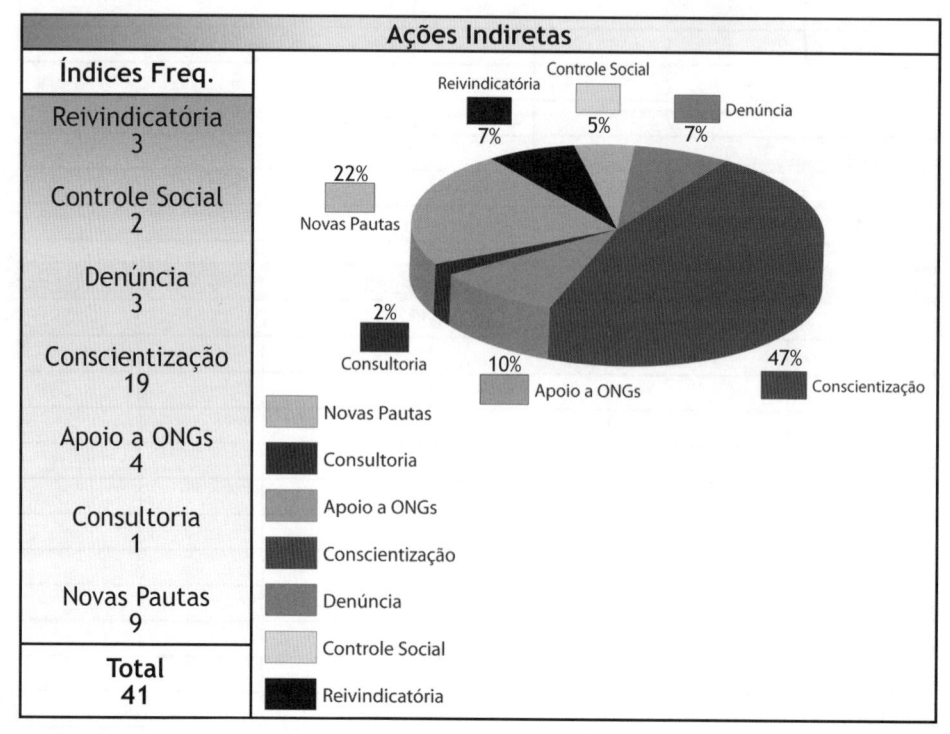

Ações Diretas

Índice Freq.	
Integração Social	17
Violência	14
Identidade	17
Saúde	19
Total	**67**

- Int. Social: 25%
- Violência: 21%
- Saúde: 29%
- Identidade: 25%

Ações Indiretas

Índices Freq.	
Reivindicatória	3
Controle Social	2
Denúncia	3
Conscientização	19
Apoio a ONGs	4
Consultoria	1
Novas Pautas	9
Total	**41**

- Novas Pautas: 22%
- Consultoria: 2%
- Apoio a ONGs: 10%
- Conscientização: 47%
- Denúncia: 7%
- Controle Social: 5%
- Reivindicatória: 7%

Com relação aos usos das mídias, foram computadas 112 ações. Destas 67 considerando a mídia como veículo e 45 como instrumento pedagógico. Vejamos os gráficos a seguir:

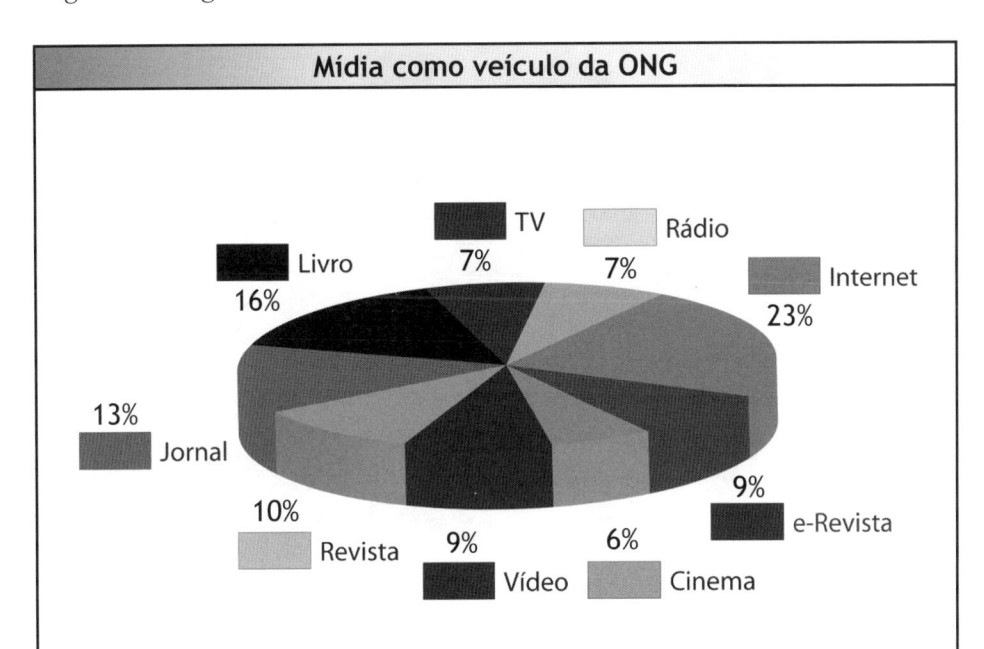

Mídia como veículo da ONG

- Livro 16%
- TV 7%
- Rádio 7%
- Internet 23%
- e-Revista 9%
- Cinema 6%
- Vídeo 9%
- Revista 10%
- Jornal 13%

Mídia	Freqüência
TV	5
Rádio	5
Internet	15
e-revista	6
Cinema	4
Vídeo	6
Revista	7
Jornal	9
Livro	10
Total	67

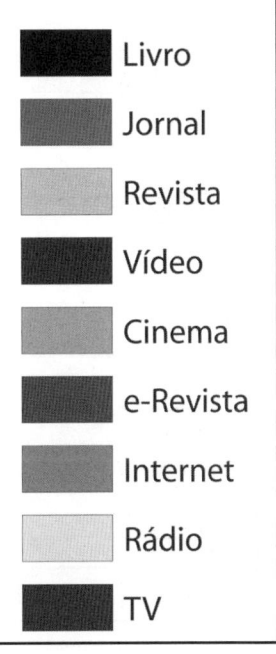

Mídia como instrumento pedagógico

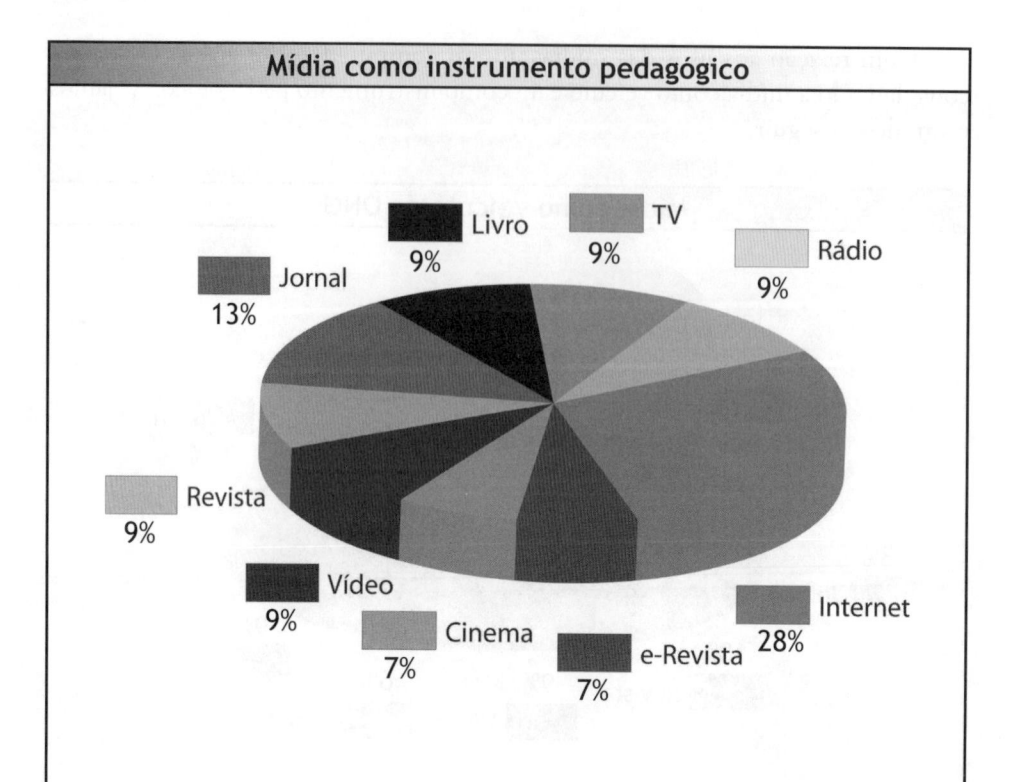

- Livro 9%
- TV 9%
- Rádio 9%
- Jornal 13%
- Revista 9%
- Vídeo 9%
- Cinema 7%
- e-Revista 7%
- Internet 28%

Mídia	Freqüência
TV	4
Rádio	4
Internet	13
e-revista	3
Cinema	3
Vídeo	4
Revista	4
Jornal	6
Livro	4
Total	**45**

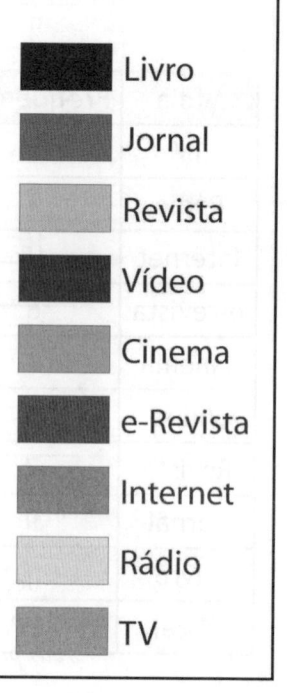

Total de usos da mídia

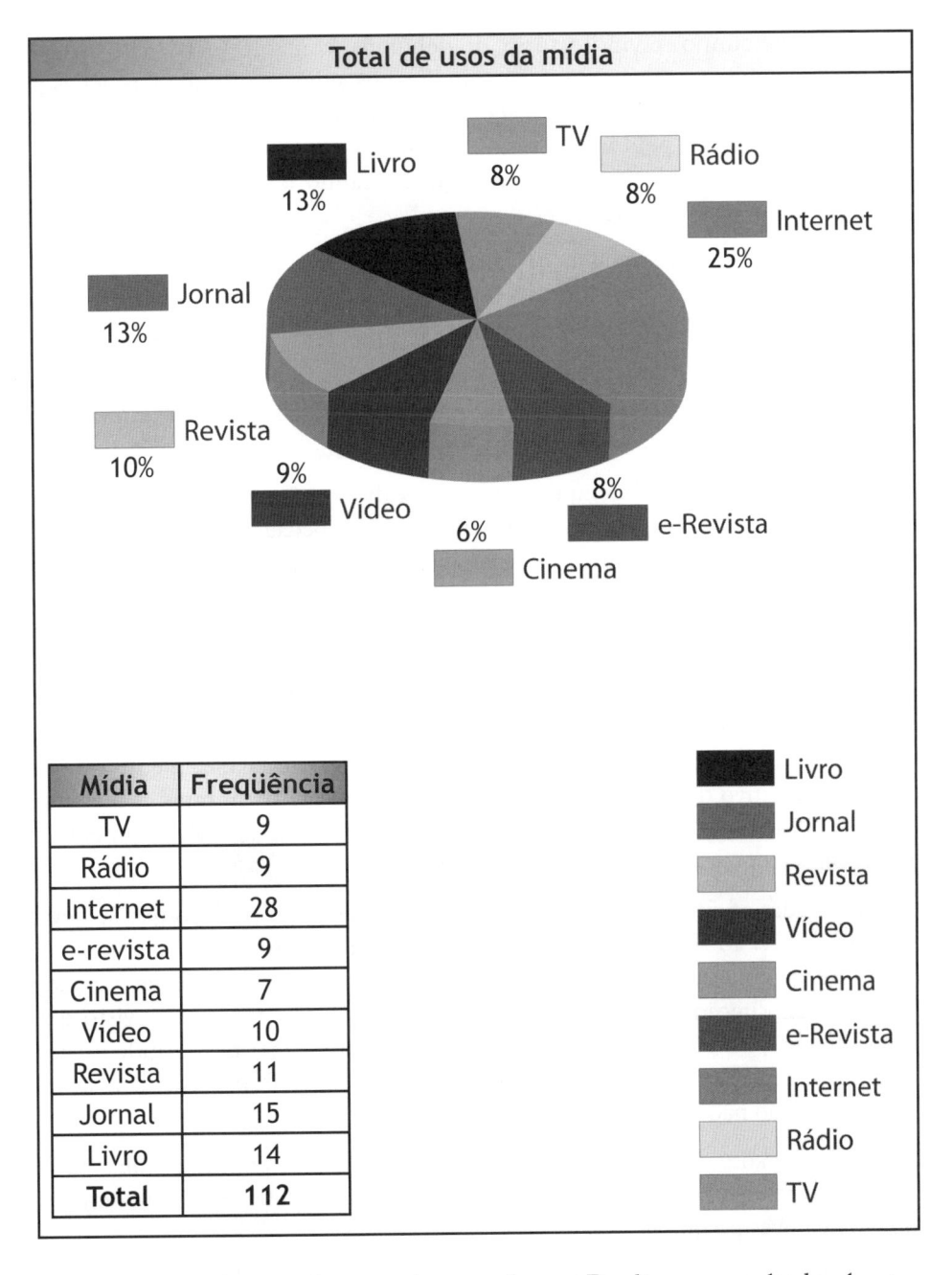

- Livro 13%
- TV 8%
- Rádio 8%
- Internet 25%
- e-Revista 8%
- Cinema 6%
- Vídeo 9%
- Revista 10%
- Jornal 13%

Mídia	Freqüência
TV	9
Rádio	9
Internet	28
e-revista	9
Cinema	7
Vídeo	10
Revista	11
Jornal	15
Livro	14
Total	112

Na terceira etapa da pesquisa, conforme Bardin, os resultados brutos obtidos são tratados de maneira a se tornarem significativos. Desta forma, pôde-se observar que, nas ações indiretas, há uma preocupação por parte das ONGs em relação ao processo de *conscientização social* e, secundariamente, a introdução de *novas pautas* de discussão. As menores incidências ficaram com atividades de cunho reivindicatório, de denúncia, controle social e investigação, o que parece representar um foco maior nos sujeitos do que nas ações já instituídas pela sociedade. Nestas ações, a mídia mais utilizada foi a *Internet*, seguida pelo vídeo e pelo livro. Nas ações diretas a mais utilizada foi também a *Internet* seguida pela revista eletrônica, indicando o potencial da rede no processo de articulação social.

Foram encontradas mais ações diretas do que indiretas, o que confirma o enfoque no sujeito e, ao mesmo tempo, uma preocupação com a prática social. Sendo assim, a abordagem utilizada por essas organizações tende a ser a da ação e experimentação social.

Nas ações diretas, a quantidade de propostas referentes à *saúde, identidade, violência e integração social* se equilibra.

Por outro lado, a mídia, enquanto veículo de divulgação, produção e promoção da ONG, é mais utilizada do que como instrumento pedagógico para veiculação da produção do jovem ou para o exercício da prática da utilização dos meios pelos jovens. Embora a preocupação com o jovem pareça minimizada, se analisarmos a proporção em que aparecem – 45 ocorrências dentro do universo de 13 ONGs – evidencia-se um movimento significativo na direção do "empoderamento" do jovem. Isto porque estamos considerando as ações pedagógicas como referentes à formação e não meramente informativas. Observa-se uma ênfase na ação criativa da juventude, suas competências de recepção e ainda o estabelecimento de um espaço alternativo de ação. Confirmando essa tendência, foram raras as incidências da mídia usada apenas como recurso audiovisual. A *Internet* foi, novamente, a mídia mais empregada, seguida pelo jornal e o livro.

Em todas as situações, o cinema foi o meio menos utilizado, o que se deve, provavelmente, ao seu alto custo. Do universo estudado, somente uma ação foi identificada como assistencialista, o que indica uma preocupação de caráter emancipatório, na direção da criação de mecanismos de intervenção social, visto que estas ONGs estão não só divulgando experiências dos jovens, mas abrindo espaço para sua articulação social através da mídia e os colocando numa rede de relações a que até então não pertenciam e dando-lhes visibilidade.

É importante dizer, contudo, que o mapeamento não permitiu avaliar se as atividades desenvolvidas pelas ONGs tiveram alcance global, o que poderá ser objeto de novas pesquisas.

Dado que as ONGs são numerosas, diversificadas e que ainda são poucos os estudos que buscam organizar o setor, este trabalho buscou delinear, neste primeiro momento, as ações voltadas para o jovem, que envolvem a mídia na cidade de São Paulo. De posse destes dados, pesquisas posteriores poderão complementar, com análises qualitativas, os aqui apresentados.

Referências Bibliográficas

ABONG – Associação Brasileira de Organizações não governamentais. *Ongs no Brasil: perfil e catálogo das associadas à ABONG.* São Paulo, 2002.

ANDI – *Associação Nacional dos Direitos da Infância* – www.andi.org.br.

BARDIN, L. *Análise de conteúdo.* Lisboa: Edições 70, 2000.

BRUSCHI, M. "Estudos culturais e pós-modernismo: psicologia, mídia e identidades". GUARESCHI, N. BRUSCHI, M. (orgs.) *Psicologia social nos estudos culturais: perspectivas e desafios para uma nova psicologia social.* Petrópolis: Vozes, 2003, pp.75-94.

CASTELLS, M. *O poder da identidade.* (A era da informação: economia, sociedade e cultura; v.2) São Paulo: Paz e Terra, 2002.

GUARESCHI, N. BRUSCHI, M. (orgs.) *Psicologia social nos estudos culturais: perspectivas e desafios para uma nova psicologia social.* Petrópolis: Vozes, 2003.

LIESENBERG, L. "Em nome do terceiro setor". Líbero, 2003 (4, 12), pp.86-95.

MARTIN-BARBERO, J. *Dos meios às mediações: comunicação, cultura e hegemonia.* Rio de Janeiro: Editora URFJ, 2001.

PEREIRA, B.; GRAU, C. (orgs.). "Entre o estado e o mercado: o público não estatal". In: *O Público não estatal na reforma do Estado.* Rio de Janeiro: Fundação Getúlio Vargas, 1999.

RITS - *Rede de Informações para o Terceiro Setor* – www.rits.org.br

SANTOS, S. & Avritzer, L. "Introdução: para ampliar o cânone democrático". in SANTOS, S. (org.). *Democratizando a democracia – os caminhos da democracia participativa.* Rio de Janeiro: Civilização Brasileira, 2002.

Sobre os autores

Irene Scótolo

Mestre em Letras pelo Programa de Estudos Lingüísticos e Literários de Inglês da Universidade de São Paulo – USP.
Docente de Lingüística Aplicada e Metodologia Científica em cursos de Pós-Graduação e no Curso de Letras do Centro Universitário Fundação Santo André – CUFSA.

Clarice Assalim

Doutora em Filologia e Língua Portuguesa pela Universidade de São Paulo – USP.
Docente de Filologia Românica e Língua Portuguesa no Centro Universitário Fundação Santo André – CUFSA.

Sebastião Haroldo de Freitas Corrêa Porto

Mestre em Filosofia da Educação pela Universidade de São Paulo – USP.
Docente de Filosofia da Educação, História da Educação e Introdução às Ciências Sociais e Políticas no Centro Universitário Fundação Santo André – CUFSA.

Juarez Donizete Ambires

Doutor em Literatura Portuguesa pela Universidade de São Paulo – USP.
Docente nos Cursos de Graduação do Centro Universitário Fundação Santo André – CUFSA.

Barbara Heller

Doutora em Teoria Literária pelo IEL – Unicamp.
Docente na Universidade Paulista – UNIP –, nos cursos de Letras, Secretariado e Turismo (graduação) e no Mestrado em Comunicação.
No Centro Universitário Fundação Santo André – CUFSA –, atua na graduação em Letras.

Paulo Rogério Stella

Doutor em Lingüística Aplicada pela Pontifícia Universidade Católica de São Paulo – PUC-SP.
Docente nos Cursos de Graduação do Centro Universitário Fundação Santo André – CUFSA – e da Universidade Metodista de São Paulo – UMESP.

Janette Brunstein

Doutora em Educação pela Universidade de São Paulo – USP.
Docente e pesquisadora do Programas de Pós-graduação Stricto Sensu em Administração da Universidade Presbiteriana Mackenzie.
Docente convidada do Programa de Pós-graduação Stricto Sensu em Comunicação da Universidade Paulista – UNIP.

Eunice Vaz Yoshiura

Doutora em Artes Plásticas pela Universidade de São Paulo – USP.
Docente da Universidade Estadual Paulista Júlio de Mesquita Filho – UNESP.
Docente nos cursos de Graduação e Mestrado da Univerdade Paulista – UNIP.
Pesquisadora-líder do Grupo de Pesquisa "Comunicação, Criatividade e Cidadania".